联合国维和行动
安全问题研究

Study on Safety and Security Issues of the United Nations Peacekeeping Operation

王洪海 · 著

时 事 出 版 社
北 京

图书在版编目（CIP）数据

联合国维和行动安全问题研究/王洪海著．—北京：时事出版社，2021. 12
ISBN 978-7-5195-0464-9

Ⅰ．①联… Ⅱ．①王… Ⅲ．①联合国维持和平部队—安全—研究 Ⅳ．①E159

中国版本图书馆 CIP 数据核字（2021）第 266653 号

出版发行：时事出版社
地　　址：北京市海淀区彰化路 138 号西荣阁 B 座 G2 层
邮　　编：100097
发行热线：（010）88869831　88869832
传　　真：（010）88869875
电子邮箱：shishichubanshe@ sina. com
网　　址：www. shishishe. com
印　　刷：北京良义印刷科技有限公司

开本：787×1092　1/16　印张：10. 25　字数：160 千字
2021 年 12 月第 1 版　2021 年 12 月第 1 次印刷
定价：80. 00 元

目　录

第一章　联合国维和行动的安全问题

联合国维持和平行动是一项充满危险的活动，危险主要来源于其行动所处的环境以及所要达成的目标。即使采取了一切必要的预防措施，也可能出现一定数量的伤亡。自 2003 年以来，除 2007 年和 2018 年，其余年份维和人员死亡人数均超 100 人。① 特别是 2013 年以来，参加联合国维和行动的维和人员伤亡人数激增。根据联合国维和行动官网数据，截至 2021 年 8 月 31 日，联合国维和行动中维和人员死亡 4138 人。② 这些数字不仅显示出联合国维和行动危险程度超出了正常或可接受的风险水平，而且有不断上升的趋势。这也给联合国维和行动决策层、出兵国/出警国都发出了警告，联合国维和行动作为集体安全行动，必须要在一定程度上予以变革，才能扭转这种趋势。

自 20 世纪末以来，联合国历任秘书长都尝试在维和行动领域开展改革。2015 年，联合国前任秘书长潘基文召集成立和平行动问题高级别独立小组，旨在对当时的联合国和平行动，以及未来维和行动出现的新需求进行彻底审查。2015 年 9 月，联合国和平行动问题高级别独立小组发布《和平行动问题高级别独立小组报告》（A/70/95 * –

---

① https：//peacekeeping. un. org/sites/default/files/stats_by_year_1_66_aug_2021. pdf.

② https：//peacekeeping. un. org/en/fatalities.

S/2015/446），指出“自1948年以来，有3300多名人员在联合国和平行动中丧生。这一为和平服务的牺牲庄严地证明，必须不断改善人员的安全保障”。①

一份题为《提高联合国维和人员的安全》②（Improving Security of United Nations Peacekeepers）的独立报告称，联合国应该改变在安全风险级别较高的维和行动中的运作方式，因为联合国旗帜不再为维和人员提供“天然”保护，该报告呼吁加强对联合国维和人员的培训，建议“应当运用更多的技术和更大的自由来应对武装组织的威胁”。因此，改善联合国维和行动安全保障，确保维持和平项目的实施，是联合国秘书处以维和行动实地工作为重点，推出的一项新举措。

一、不断发展变化的安全环境

联合国维和行动是在复杂和不安全的环境中进行的，这些环境可能迅速恶化，对于行动的威胁也在不断演变。21世纪以来，受联合国维和行动不断扩展、国际安全环境不断变化的多重因素影响，联合国维和人员因恶意袭击而死亡的人数不断刷新纪录。③ 源于武装冲突、恐怖主义、犯罪行为的暴力行为是对联合国维和人员的重要威胁之一。本书所研究的安全问题包括暴力伤害，即对联合国维持和平人员的直接暴力行为和对他人的直接暴力行为，这些行为造成联合国维持和平人员的附带伤害或死亡；涉及可能导致疾病、伤

① https：//www. un. org/en/ga/search/view_doc. asp？symbol = S/2015/446.

② https：//peacekeeping. un. org/sites/default/files/improving_security_of_united_nations_peacekeepers_report. pdf.

③ 《向维持和平行动、安全和安保特别委员会通报情况》，2015年1月19日。

害或死亡的自然或人为危险（如地震或工作场所事故）的安全问题；非直接的由安全事故和自杀死亡造成的健康和医疗问题。

2011 年 12 月至 2014 年 8 月，联合国维和人员在重大和极端危险地区活动的人数从总人数的 25% 增加到 42%。[①] 2014 年以来，多名维和人员在系列袭击事件中受到威胁、受伤甚至死亡，典型事件包括绑架、埋伏、劫车、击落直升机、使用简易爆炸装置、使用火箭榴弹和地雷。2014 年 8 月，百余名维和士兵在戈兰高地被不明身份人员扣压；2015 年 11 月，一架运送联合国人员和物资的运输机在南苏丹首都朱巴起飞不久后坠毁，事故造成 39 人死亡，包括 5 名俄罗斯机组人员；2016 年 6 月，联合国驻马里多层面综合稳定特派团营地的维和部队遭遇袭击，造成重大伤亡，其中中国维和人员中有 1 人牺牲、4 人受伤；2018 年 6 月，身份不明武装人员袭击联合国驻中非共和国多层面综合稳定团维和人员，在这起袭击事件中，正在中非共和国西部进行巡逻的一名坦桑尼亚籍维和人员遇难，另有 7 人受伤。

针对维和人员的恶意攻击行为以造成死亡为目标，反映了武装人员所使用武器的杀伤力、攻击类型，甚至对武装人员的培训出现新变化。[②] 虽然非暴力威胁和其他危险，如流行病（埃博拉、新冠肺炎等）、自然灾害（地震、泥石流等）是造成维和人员伤亡最大的原因，但恶意袭击造成的死亡人数呈上升趋势。除了维和特派团，

---

① 联合国大会：联合国秘书长向维持和平行动特别委员会（C34）的报告，第 2 页。

② Data from DPKO, "Fatalities by Year, Incident Type and Appointment Type, up to 31 May 2015", June 5, 2015, available at www. un. org/en/peacekeeping/fatalities/documents/stats_5. pdf; and DPKO, "Monthly Summary of Military and Police Contribution to United Nations Operations", available at www. un. org/en/peacekeeping/resources/statistics/contributors_archive. shtml.

一些政治特派团，特别是部署在叙利亚、索马里和利比亚等敌对环境中的特派团，也遭到恶意攻击。①

缺乏政治协议对维持和平人员的人身安全与安全保障构成了直接的安全挑战。这种趋势与日益注重使用武力保护平民产生了结构性矛盾。一方面，出于维护联合国维和人员安全的需求以及保护平民的需要，促使联合国维和人员最低限度使用武力；另一方面，联合国维和人员使用武力也在东道国当地造成相对不良影响，使联合国维和人员成为武装人员攻击的目标。联合国维持和平相对的合法性在理论上仍然是由三项原则界定，并以这三项原则为基础。

第一，同意原则。联合国维持和平行动是经冲突主要当事方同意部署的。这需要冲突各方致力于政治进程，冲突各方接受联合国维持和平行动，为联合国提供了必要的政治保障和物资流动自由，以执行联合国安理会所授权的任务。在没有各方同意的情况下，维持和平行动有可能成为冲突的一方，并可能深度卷入东道国执法行动，从而背离其维护和平的目的。

而主要当事方同意，并不一定意味着或保证地方一级也会同意，特别是当主要当事方内部分裂或指挥和控制系统薄弱时。在动荡的环境中，同意的普遍性就变得更不可能了，因此，确保冲突的主要各方同意即可。

第二，公正性原则。公正性原则应与中立区别开来。联合国维和行动在执行维和任务中，严格秉持公正性原则。公正性对于维持主要当事方的同意与合作至关重要，但不应与中立或不介入内部事务混为一谈。联合国维持和平人员在与冲突各方打交道时应保持公正，但在执行其任务时不应保持中立。正如一个合格的裁判虽是公

① “Briefing to the Special Committee on Peacekeeping Operations, Safety and Security”, January 19, 2015.

正的，但会惩罚违法行为一样，维持和平行动不应宽恕违反和平进程或违反联合国维持和平行动所坚持的国际准则和原则的当事方的行动。尽管需要与各方建立和保持良好关系，但维持和平行动必须谨慎地避免可能损害其公正形象的活动。

第三，最小限度使用武力原则。除自卫和防御性任务外不使用武力。联合国维和行动不是具体的执行工具，但是，如果采取自卫和防御性任务，联合国维和行动可以在经安理会授权的情况下在战术一级使用武力。

在某些动荡局势中，联合国安理会会对联合国维持和平行动“强有力”的授权，授权它们“使用一切必要手段”，以阻止破坏政治进程的企图，保护面临迫在眉睫的人身攻击威胁的平民，以及/或协助国家当局维持秩序。

在维和任务区“强势维持和平行动”（robust peacekeeping）不应与《联合国宪章》第七章所设想的“强制和平”（peace enforcement）混为一谈。强势维持和平行动涉及在安全理事会授权和东道国和/或冲突主要当事方的同意下在战术一级使用武力。

使用武力只能作为联合国维持和平行动最后的手段。它应始终以精确、相称和适当的方式执行，在达到预期效果所需的最低力原则范围内，同时保持对特派团及其任务的同意。联合国维持和平行动使用武力会造成政治影响，往往导致无法预见的情况。1993 年，联合国维和行动在索马里遭遇的惨败，就是违背各方中立原则、无限度使用武力的实例。

在联合国维和行动人员安全得不到保障的情况下，联合国尝试通过强势和平来实现安全和安全保障。2000 年初，联合国维和行动实行 21 世纪首轮改革之后，采取了一系列强势维和政策。一些安全形势十分脆弱的维和任务区都采取了强势维和政策。例如，联刚稳定团①的任务是解除当地武装组织的武装，采取一切必要手段保护随时可能遭受人身暴力的平民、人道主义人员和捍卫人权者，并支持刚果民主共和国实现稳定和巩固和平的工作。② 2013 年 4 月 25 日，安全理事会第 2100（2013）号决议决定设立马里稳定特派团③，以支持该国的政治进程，并开展一些与安保相关的任务。2014 年 6 月 25 日，安理会一致通过了第 2164（2014）号决议，决定了马里稳定特派团的重点工作：保障安全、实现稳定和保护平民；支持全国政治对话与和解；支持在全国恢复国家权力，重建马里安全部门，增进和保护人权并协助人道主义援助。

时任联合国维和行动部副秘书长对联海稳定团说："这不是执行任务，这不是反恐行动，但与此同时，很明显，在不对称攻击的环境中，稳定特派团将不得不根据情况保护自己并确保完成任务。"④以马里为例，联合国维和人员一直是袭击的目标，这一状况从马里稳定特派团建立至今一直存在，在马里安全局势多变的情况下还会突然发生恶化。从 2013 年 7 月马里稳定特派团部署到 2015 年 3 月，有 25 名维和人员因遇袭而死亡，117 人受伤。⑤ 时任联合国副秘书长在向安理会关于马里行动的维持和平工作组通报情况时指出，不

---

① "联刚稳定团"全称为"联合国刚果民主共和国稳定特派团"（United Nations Organization Stabilization Mission in the Democratic Republic of the Congo），位于刚果民主共和国，总部在金沙萨，设立时间为 2010 年 7 月。

② https：//peacekeeping. un. org/zh/mission/monusco.

③ "马里稳定特派团"全称为"联合国马里多层面综合稳定特派团"（United Nations Multidimensional Integrated Stabilization Mission in Mali），位于马里，总部在巴马科，设立时间为 2013 年 4 月。

④ https：//www. unmultimedia. org/radio/english/2013/04/peacekeeping – chief – gives – further – details – about – new – un – stabilization – mission – in – mali/.

⑤ "Chadian Peacekeeper Killed in Attack on UN Base in Northern Mali", Reuters, January 17, 2015, www. reuters. com/article/2015/01/17/us – mali – un – attacks – idUSKBN0KQ09T20150117.

对称威胁的挑战，如自杀式爆炸、简易爆炸装置和其他非正规战争战术不断增加。

联合国维和行动创立以来，联合国安全战略一直受到来自联合国、出兵国/出警国和维和东道国以及利益相关方的大力支持，但进入 21 世纪后，情况发生了变化。如果有人认为联合国在冲突中违反公正原则，试图偏袒冲突中的任何一方，那么联合国安理会授权采取维和行动可能遭致不满，甚至带来不利后果。以马里为例，当法国军队撤出时，联合国成为当地主要的国际存在，进而成为非国家行为体和破坏者的目标。

联合国维和行动作为重要的国际安全举措具有核心价值观：诚实正直（Integrety）、专业（Professionlism）、尊重多样性（Respect for Diversity），这些价值观对每一位维和人员都同等重要。但是，联合国所倡导的价值观的普遍性不再能够对冲突局势中的维和人员形成有效安全保障。以南苏丹为例，继南苏丹 2013 年 12 月爆发危机后，2014 年 5 月 27 日，安理会第 2155（2014）号决议决定加强南苏丹特派团，并授权特派团保护平民、监测和调查人权情况、为送交人道主义援助创造条件和支持执行停止敌对行动协议。[①] 为了避免整个行动的风险，联合国在维和营地旁围起了一道高高的围墙，被当地人称为“联合国堡垒”，这种严密的布防却造成了联合国维和行动与东道国当地居民的进一步疏远。

二、联合国维和行动安全的重要性

在国际局势复杂多变的今天，任何国家、国际组织采取的任何行动，都必须考虑行动的安全性。同样，确保联合国维和行动安全，

---

① https://peacekeeping.un.org/zh/mission/unmiss.

是联合国组织机构应尽的义务和责任，也是出兵国/出警国首要考虑的问题。联合国人员的安全和安保问题一向是联合国议程且是联合国改革进程的主题之一。有鉴于近年来发生的造成联合国维和人员伤亡的安全事件的数量、类型和严重性，联合国对其人员的安全和安保以及对外勤地的安全意识给予了高度重视。

联合国加强并统一了联合国安全管理制度（UNSMS）。联合国组织机构出版了多份人员安全方面的指导文件，对手册内容的执行是强制性的；不遵守这些政策和程序可能会严重危及工作人员的生命，并影响有关组织的信誉以及未来维和行动的有效开展。

1994 年 6 月，联合国系统各组织在日内瓦举行安全事务特别机构间会议，讨论《联合国安全管理制度问责框架》的雏形框架。2001 年 5 月，《联合国安全管理制度问责框架》在巴黎举行的机构间安全事务特设会议上进行了修改，2002 年根据 A/RES/56/255 - VII 号决议最终敲定《联合国安全管理制度问责框架》，并于 2005 年 1 月设立了联合国安全与安全保障部（UNDSS，以下简称“安全与安保部”）。联合国安全与安保部制定了一个全系统范围的安全风险评估（SRA）矩阵和总部最低业务安全标准（H - MOSS），为总部所在地做出实施人身安全的保安决策提供了框架。①

在安全问题上，联合国工作人员，包括军事人员、警察和民事人员负有同样的义务。任何管理人员或主管都“有‘注意义务’确保联合国系统各组织雇员及其家属不冒特殊风险”，② 必须遵循《联合国安全管理制度问责框架》的规定，不得指示工作人员忽视安保政策、规则、条例。联合国维和行动全部人员都要遵守基本的安全

① https://www.wipo.int/edocs/mdocs/govbody/zh/wo_pbc_11/wo_pbc_11_12.pdf.

② “组织间安全措施”，《联合国安全管理制度问责框架》（联合国大会文件 A/57/365 号）。

规范，例如：根据联合国安全管理制度（UNSMS），联合国维和人员在赴任务区之前，会收到任务区安全部门“联合国安全管理系统”的信息，维和人员必须熟悉这些信息，并在前往任务区国家之前获得安全许可；了解它们的主管官员和机构安全协调中心；在工作地点适当配备服务设备；在值班或下班时遵守所有安全条例和程序；完成所有强制性培训。

无论其分配地点如何，联合国系统各组织雇用的所有工作人员都要负责自己的安全和安保，并遵守各组织的所有安全政策和程序。联合国系统组织雇用的工作人员对其国家机构首长和执行首长机构负责。拒绝遵守指定官员和安保管理小组指示的工作人员将由指定官员书面通知，并抄送其组织总部，取消其安全许可；其不遵守安全规定的行为还会受到纪律调查，并按照雇用组织相关工作人员条例和细则的规定对其采取纪律措施；拒绝遵守指示的工作人员的姓名将上报给联合国安全与安保部，根据具体情况采取适当的后续行动。

联合国维和人员在接收搬迁或疏散行动指令时，可能会发生秘书长的命令与使馆的指令相冲突的情况。特别是在程度和时间上，秘书长命令的搬迁或疏散行动不一定与在工作地点派驻代表的使馆建议的搬迁/疏散行为一致，联合国维和人员会面临双重指令的选择困境。此时，工作人员应当清醒地认识到，作为联合国雇员，他们受联合国规定的约束，在没有联合国指定官员事先批准的情况下，如果遵循使馆的指示，可能会导致他们受到纪律处分。

也可能会出现这样的情况：个别工作人员（国际招聘或国内招聘）或符合条件的家庭成员因其国籍、民族或宗教或因其受雇于联合国组织而受到威胁。此外，在紧急情况下，工作人员可能因其居住地点而受到威胁。在这种情况下，联合国指定官员可请求主管安全和安保事务的副秘书长授权将工作人员临时迁至工作地点外的另一地点。在极端紧急情况下，或在指定官员无法与总部联系的情况下，指定官员可授权工作地点搬迁，并事后通知主管安全和安保事务的副秘书长。

联合国工作人员关于拥有和携带武器的政策是，除非得到联合国安全与安保部的批准及秘书长的授权，任何联合国工作人员（包括安保人员）都不得携带武器。

三、联合国维和行动安全与安全保障评估的必要性

对于履行联合国的注意义务而言，确保联合国维和行动人员的安全与安全保障至关重要。此外，它对执行任务的效力、部队组建、维和行动的演变以及维持联合国在维护国际和平与安全方面的相关性方面，都具有战略影响。

自 2003 年联合国驻伊拉克总部惨遭袭击以来，整个联合国系统做出了协调一致的努力，以改善和加强组织、系统的安全工作。然而，对安全问题的认识存在较大程度的片面性，往往主要被看作是技术问题，而不被列为具有战略和政治重要性的优先事项。联合国维和行动所处的环境往往动荡不定，一系列现实环境的转变，使联合国组织面临挑战，需要认真考虑安全问题。

有效的安全保障是整体业务活动能够开展的重要保障。参与安全保障的相关人员需要迎接这一挑战，其主要任务是拯救生命、恢复和平以及更好地实现联合国的目标。为此，包括成员国、联合国秘书处和其他联合国实体在内的国际社会应汇聚各方资源，综合采取行动。

第一，政治和外交层面。联合国人员的安全与安全保障是一项集体责任，需要统一理解安全局势，改进维和行动的授权、资源配

置、规划和执行。安全与安全保障的责任需要安全理事会、第五委员会（行政和预算）、维持维和行动特别委员会（C34）、出兵国/出警国、东道国和秘书处共同承担。每个机构还应帮助、确保其他机构的问责制得以实施；需定期向安全理事会通报情况，就维和行动开展强有力的对话。其中关键问题包括充足的资源、对风险的适当接受、改进规划、积极主动的管理以及与东道国加强合作。

作为组织，联合国的安全保障义务应当延伸到安全事件发生后，即有责任通过一切可能的手段追究袭击联合国维和人员的一方的责任。这有助于威慑潜在的肇事者，维护《联合国维和行动文书》的不可侵犯性，表明联合国维和行动对那些冒着生命危险为和平服务的人的尊重。

第二，组织层面。在组织层面，需要更加全面地处理安全和安全保障问题，统筹人员安全管理任务。联合国维和行动的实践表明，将军事人员、警察和民事人员的安全管理分开，不仅导致安全与安保效率低下，也无法认识到在日益复杂的安全环境中，行动和任务更广泛的特派团活动将对整个联合国行动存在安全影响。联合国各类人员（军事人员、警察和民事人员）的安全责任应合并到联合国安全与安全保障部的统筹和管理之下。集中管理的优势体现在多个方面。首先是便于情报的汇总与甄别。关于任务区、国家、地区的安全形势的情报纷繁复杂，需要有个机构来识别，联合国安全与安全保障部可以发挥这样的作用。而对于确认的安全风险由权威机构来发布可以提高其可靠性。其次，对于安全与安保政策的制定，需要对所有维和人员有一个统一的要求和标准，也需要一个机构来制定和把握。但同时也应注意安全机构官僚化将导致风险发布的迟滞，这个挑战不容忽视。

第三，政策层面。联合国需要一项适用于所有维和行动的危机管理综合政策。与之相对应，应建立一个强制性的危机管理模拟演习制度。联合国应当采取全面措施，以便在危机状况下加快工作进程。在政策一级明确规定联合国总部和维和行动高级领导人的问责制以及指挥和控制是必要的。

第四，规划层面。现有的联合国安全模式在高威胁环境中承受着越来越大的压力，更多的证据显示联合国安全模式存在重大安全隐患，在遇到风险时可能出现机制失灵的情况。因此，需要修订安保管理系统所依据的各种条件假设。此外，安全模式需要更密切地适应特派团的任务规定和普遍的安全环境。

第五，行动层面。联合国维和行动缺乏诸如多国部队所具备的一系列能力，因此需要更清楚地说明它们应如何在不对称的威胁环境中发挥作用。保护平民的任务对特派团人员提出了特别的挑战和安全问题。在这种情况下，必须以整体的、统筹的、优化的方式处理安全问题。联合国必须确保所有人员的安全保障，例如，维和行动需要有足够的医疗支持、推送和后勤保障能力，以确保联合国能够达到人员创伤后医疗干预的“黄金小时”标准。确保达到这些标准是联合国维和行动安全与安保能力提升的表现，会为强势维持和平行动吸引更广泛的参与者。

第六，人员层面。联合国必须在所有特派团的招聘和培训活动中，培养具有高专业标准的安保人员，并确保他们在联合国总部和特派团中具有足够的任职条件。联合国还应建立一支可在特派团创办时，以及危机局势期间可部署的高素质安保和医务人员，以提升快速增援能力。

第七，资源和能力层面。维和行动的任务规定与分配的资源之间，仍然具有较大的差距，这些差距的存在无法为联合国维和行动工作人员提供强有力的安全保障。因此，需要制定政治和财政奖励措施，以解决一些资源短缺问题。与此同时，秘书处需要具备预测未来二者之间差距的能力，通过各项措施改变维和部队组建办法，并监测维和部队总体业绩及其实施标准。联合国还应与私营安保公司和其他私营服务提供商密切协作，如紧急医疗支助和可快速部署的后勤支助。从行动效率角度而言，私营安保公司和其他私营服务提供商可以做到迅速部署，并且具有在高风险环境中开展工作的意愿，或更具经济效益，这样做可以提高特派团的效力。

第八，信息层面。专业情报系统使人们能够更好地了解各方面的情况，这对执行任务和完成任务都是至关重要的，可以确保联合国维和行动安全保障的顺利实施。联合国经过一系列改革，在维和行动情报方面建立起一套标准化作业程序（standards operational procedure），不仅符合国际法的各项规定，而且能够满足维和行动的现实需要，最重要的是，标准作业程序限定了情报单位的行动范围，也就是在一定程度上规范了情报的获取、使用、知悉范围。标准作业程序还建立了一个从任务区实地延伸到总部的专业情报系统，由一个实体机构统一领导，进行业务指导，利用一个共同的整理平台，综合现有的分析能力以及分析员专业的评估方法，最终形成统一的流程和精准一致的情报产品。

第九，法律层面。在法律上，东道国对联合国人员和任务区实地的安全和安保负有首要责任。然而，在实践中，由于某些东道国法律的不完善，联合国承担了维和行动大部分的实际安全和安保责任。部署维和特派团往往是因为东道国缺乏能力或意愿维持本国的基本安全。在某些情况下，联合国维和行动安全和安保责任完全由东道国承担，造成对东道国的安全依赖，可能破坏联合国的公正性。从这个意义上说，必须确保联合国与东道国对安全责任问题有共同的理解，包括通过更新《维和部队地位协定范本》或《特派团地位协定范本》，吸纳 1994 年制定的《联合国人员和有关人员安全公约》以及 2005 年《任择议定书》的相关内容和实践发展。同时，还需要澄清国际法对联合国的法律保护，特别是鉴于联合国维持和平人员会在特定环境下从事进攻性作战行动，这应包括《安全公约》、《任择议定书》、设立国际刑事法院的《罗马规约》以及国际人道主义法的适用情况。

第二章 联合国维和行动安全问题的决定因素

随着国际安全环境的不断变化，联合国维和行动出兵国/出警国都应充分认识到，联合国维和行动的蓝盔和联合国旗帜不再能为维和人员提供天然保护。维持和平环境更加复杂，已从单纯的国家间冲突，发展为以武装组织、恐怖分子、有组织犯罪、街头帮派、犯罪和政治剥削以及其他威胁为特征的综合威胁。可以说，联合国维和行动依据的《联合国宪章》"第六章半"① 规定的维持和平的时代已经结束，但每个出兵国/出警国仍然受到"第六章综合征"的困扰。如果联合国、出兵国/出警国不能随着国际安全环境的改变做出改变，不能承担或化解风险，不愿意面对这些新的挑战，维和人员的生命安全必然会陷入危险之中。

1948 年至 2021 年，有 4138 人在维和行动中丧生，其中 3500 人因暴力行为而丧生。自 2013 年以来，伤亡人数激增，有 195 人死于暴力袭击。正是在这种背景下，2017 年 11 月，联合国秘书长安东尼奥·古特雷斯任命已退休的巴西中将卡洛斯·阿尔贝托·多斯桑托斯·克鲁斯（Carlos Alberto dos Santos Cruz）开展一次高级别审查，以查明近年来暴力行为对联合国维和人员造成如此多的伤亡的原因，以及应采取哪些措施来减少伤亡。克鲁斯曾于 2013 年至 2015 年担

① 《联合国宪章》第六章和第七章之间的做法，被称为"第六章半"。

任联合国刚果民主共和国稳定特派团部队指挥官，2007 年至 2009 年担任联合国海地稳定特派团指挥官。克鲁斯及其小组认为联合国维和行动安全问题的决定因素主要有 15 个。本章将对这 15 个因素进行逐个分析。

一、原则与支持

（一）维持和平原则

联合国维和行动以三项原则为保障，其中一项是最低限度使用武力。但是国际社会在联合国维和行动安全与安全保障议程上、在使用武力确保安全问题上产生了巨大的分歧。以海蒂为代表的西方观点认为，在强势维和行动背景下，联合国应该对维持和平基本原则进行新的解释，即为了联合国维和行动安全可以动用武力；主张联合国维和部队不应把维和行动三原则看作是对主动权和使用武力的限制，甚至主张在高风险地区，如果遇到伏击为特征的高强度冲突，维和部队应使用压倒性的武力，并采取主动和先发制人的态度；在战争和战斗中，联合国必须获胜，以避免军事人员、警察和民事人员的伤亡。① 而国际社会的另一派则持不同观点，认为海蒂的观点是对联合国维和行动三原则的背离，更担心无限度的武力使用会导致联合国维和人员深度卷入冲突，进而更加无法保障自身安全。

（二）出兵国/出警国的选择

联合国应明确提出其对出兵国/出警国在态度、心态、训练和适

---

① Haidi Willmot, Scott Sheeran, and Lisa Sharland, Safety and Security Challenges in UN Peace Operations, https://www.ipinst.org/wp-content/uploads/2015/07/IPI-E-pub-Safety-and-Security-in-Peace-Ops.pdf.

当装备方面的期望。出兵国/出警国应做出正式承诺，以满足联合国方面提出的要求，并为此承担责任。出兵国/出警国可能出于不同的原因和利益寻求参加维和行动，这是正常和可接受的，但它们必须履行对联合国维和行动的承诺以及对联合国安全与安保的认同。与此同时，联合国领导人必须负起责任，尽一切可能确保维和部队安全，这包括要求从秘书长特别代表到各领导层要在面临与安全有关的决定时默认采取积极行动。

联合国应阐明对包括军事和警察特遣队在内的各类联合国人员的照顾义务，以及出兵国/出警国对本国维和人员的安全责任。但问题是，联合国现有的安全保障义务的界限和范围尚不明晰，对民事人员所承担的义务与出兵国/出警国共同承担的责任也有所差别，且无法弥补差别所带来的风险损失。

联合国应当全面管理维和行动中的安全和安全保障问题。无论是在任务区实地还是在总部，都必须避免将军事人员、警察和平民的安全以部门为单位自行处置，或将安全问题视为独立于特派团的任务。所有联合国维和行动人员应在相同的安全环境中行动，即使他们执行不同的任务并面临不同的风险，在安全问题上他们应被视为一个整体。特派团的政治和军事联系可能涉及安全问题，而安全态势又可能产生政治和军事后果。

联合国应扩大联合国安全与安保部的任务范围，包括要求其对军事和警察特遣队在内的各类联合国人员的安全与安全保障承担一定程度的责任，并提供一定的支持。虽然出兵国/出警国承担其维和人员的安全与安全保障的主要责任，但仍应加强联合国本身的安全与安保能力，即加强联合国安全与安保部的能力，使其能够对军事威胁展开评估，并就维和部队保护问题向出兵国/出警国提供咨询意见。联合国维和行动部需要就这些问题与维和部军事事务办公室密切合作。

二、行动层面

（一）领导力

领导能力不足是妨碍联合国适应当前风险挑战的主要原因之一。对于联合国维和行动而言，从纽约总部到最偏远的任务区，联合国维和行动指挥链上的各级领导都需要在联合国维和人员的安全与安保问题上表现出主动性及履行承诺和适应的决心。为了解决安全问题，联合国不仅要依靠其在实地的军事人员、警察和民事人员，而且还要在政治行为上保持强大，积极寻求解决办法，特别是要发挥联合国安全与安保部的组织作用，在情报、组织、方案、培训等方面发挥更加积极的作用，以切实减少联合国维和人员的伤亡。

（二）行动与行为

这里阐述的是联合国维和行动本身与安全之间的辩证关系。当联合国维和行动领导人的决策过程过于依赖一般的标准作业程序，不能够对现实威胁和攻击做出积极有力的回应，无法采取适当、及时的行动来促进安全发展时，往往造成被动防御，进而使联合国维和人员安全环境受到威胁。如果及时采取有力行动措施化解风险，将能有效地在最大限度上保护联合国维和人员的安全。因此，维和任务区实地的行动应根据具体情况和威胁因素做出风险评估。而任务规定、交战规则和对其他文件的解释应成为采取行动的支持性力量，而不是为不采取行动辩解的理由。

（三）构成积极防御态势

为了提高联合国维和行动的安全性，维和行动各特派团应根据所在东道国及地区的不同风险做出综合分析，以确定地区局势，所在国政治环境、派别冲突对其安全所构成的威胁，并积极制订预案和计划，利用所有战术，消除或降低这些风险。总体而言，各个维和任务区的具体情况千差万别，如塞浦路斯与马里的冲突类型和风险等级就具有明显差异，应根据不同任务区的冲突类型和现实风险等级，做出不同的应对策略。

三、后勤保障

（一）装备

在威胁环境中，如果没有必要和适当的装备，或者是装备不足、缺失，或者年久失修，都会给部署的维和部队造成致命的威胁，并且会增加伤亡人数。特别是在一些任务中需要特殊装备，如地雷保护车辆、扫雷工具，在一些配备直升飞机巡逻的任务区要对直升飞机进行专业维修和维护，并对直升飞机飞行气象进行检测，这样才能保障维和人员的安全。

（二）技术

技术始终是维和行动安全的必要条件和保障。2017 年 12 月，多斯桑托斯·克鲁斯发表了题为《改善联合国维和人员安全》的报告（又称《桑托斯·克鲁斯报告》），该报告探讨了减少联合国维和行动死亡人数的具体方法，其中建议联合国应当审查并努力迅速为部队配备完善防御能力的基本技术。基本技术将能确保维和人员有效防御攻击者所采取的行动。军事力量、车队和远程巡逻队应该配有更多的医疗队、设备，以及增强与基地和直升机的通信保障能力。

（三）医疗

为了在袭击发生后最大限度挽救生命，维和行动应当提高急救和一级医院的质量，这是极为重要的。经过训练的维和部队可以部署到高风险环境中，但在缺乏足够的医疗支持的情况下，许多国家政府不会考虑部署维和人员。联合国有责任保障在维和行动中的人员安全，通过制定切实可行的伤员治疗措施，以确保他们在发生安全事故时得到及时和专业的治疗。《联合国维持维和行动医疗支助手册》规定了出兵国必须部署相应级别的医务人员和设备，但没有规定医疗车的标准。因此，在各特派团之间、在任务范围内，护理标准差别很大。

诊所和军事医疗单位的部署对特派团的人员生命安全提供了极为关键的支柱。① 联合国确定了四个级别的医疗支助，从基本分诊（一级）到专科和重症监护（第四级）。二级医疗单位包括必要的外科和生命支助，在部署维持和平特派团时具有重要的推动作用。如果当地医疗设施无法提供必要的紧急护理，受伤人员需要被疏散到具有完备医疗设施的医疗单位，通常是三级或四级医疗单位。在许多维和行动环境中，伤员们的送医救治依靠空运，缺乏直升机等关键助力装备会对伤员撤离和特派团人员的安全产生负面影响。② 此外，可能受到关于使用直升机民用武器的议定书的限制，③ 会导致

---

① "Uniformed Capabilities Required for UN Peacekeeping: Current Gaps, Commitments to Enable More Rapid Deployment, and other Capability Requirements", February 19, 2015.

② UN General Assembly, Administrative and Safety Arrangements Relating to the Management of Military Utility Helicopters in Peacekeeping Operations, UN Doc. A/64/768, May 4, 2010, p. 2.

③ See, for example, Center on International Cooperation and the US Global Peace Operations Initiative, "Assessment of Helicopter Force Generation Challenges for United Nations Peacekeeping Operations", study, workshop, and consultations report, December 2011, available at http: //usun. state. gov/documents/organi - zation/179150. pdf.

伤员无法及时疏散，包括授权降落在靠近战区的地点、先前对着陆地点的侦察以及夜间的伤员疏散等这些问题以及与东道国在授权进行伤员飞机运输问题上的争端，都会造成不必要的医疗延误，威胁维和人员的生命。

鉴于此，一些成员国表达了忧虑。如果维持和平人员因为在高威胁环境中从事授权的维和活动而受到武装人员的攻击，却没有部署高级别医疗救护单位对其进行救护，会导致出兵国/出警国无法将其人员部署到高风险环境中开展维和行动。因此，在特派团中开展伤亡人员救治反应的演练极其重要。能否获得充分医疗护理，包括出兵国/出警国部署的医疗救护单位和医疗设施，以及是否具备医疗撤离（MEDEVAC）条件，都成为影响部分出兵国/出警国是否会将人员部署到某些联合国维和行动中的决定性因素。

确保将量身定制的医疗能力纳入初步规划、早期和快速部署医疗设施，以及制定的政策、程序和设备的性能标准，有助于减轻出兵国/出警国的忧虑。事实上，具有高素质的医疗支援能力，会增强出兵国/出警国将维和力量部署到复杂维和环境的意愿，并愿意承担相应的风险。以索马里和马里为例，联合国已经成功与当地医疗服务提供者合作，以为维持和平人员提供紧急医疗服务，包括野战医院和医疗投送。①

（四）基地/营地

联合国维和行动的基地，通常是营地，必须有最好的物理安全防范和隔离措施。但安全是一个动态的过程，防御能带来安全保障，

① UN General Assembly, Budget Performance of the United Nations Multidimensional Integrated Stabilization Mission in Mali for the Period from 1 July 2013 to 30 June 2014, UN Doc. A/69/593, November 18, 2014, p. 45.

同时行动也能触发安全保障。基地应该是辐射安全的一个核心点，根据维和营地安全保障需求，所有基地周围都应该有一个明确界定的安全区，包括附近几公里的公路、村庄和流离失所者营地，应让所有人都知道这是一个对武装组织存在“零容忍”的地区。联合国维和部队应使用一切战术控制该地区，包括夜间行动、徒步巡逻、白天和夜间占领隐蔽/伪装的静态阵地，以限制犯罪集团的行动。

（五）管理

维和管理的范畴较广，且覆盖并主导后勤工作。一些维和行动管理问题降低了特派团的业务效率，例如维和业务的资产采购进展缓慢、人员报到程序冗长等，妨碍了特派团对威胁采取积极主动的行动，对攻击做出迅速反应。维和行动管理效率的低下，还将降低加强安全所需能力的灵活性。从这个意义上讲，提升维和管理能力是提高维和行动安全性的根本。同时，应当提升出现问题时迅速做出反应的任务执行能力，如完善安全避难所和医疗设施、提升快速反应和提取能力以及制订疏散计划。

四、其他方面

（一）派遣前培训

各方无法在维和人员派遣前提供充分、全方位的培训，是造成维和任务区实地人员伤亡的主要原因之一。一些出兵国/出警国的部队和警队的指挥官缺乏在任务区实地开展维和行动应具备的行动能力。联合国、出兵国/出警国对这种缺乏准备的情况都负有责任。

从联合国层面而言，在出兵国/出警国部署前，应当进行部署前访问，充分核查部队或警队的准备情况。出兵国/出警国派遣前准备包括装备准备和人员准备。这是联合国维和行动派遣前工作的一个常规内容，通过这项检查可检验出出兵国/出警国派遣前的准备是否充分。检查主要包括突击练习、测试以及装备核查。联合国维和行动部队和警察的相关职能部门对此拥有行使"是"或"否"的决定权，如果部队或警队没有通过甄选核查，联合国层面应拒绝批准部署并指出具体问题和建议以进行整改。

同样，出兵国/出警国的训练、特派团层面的训练都应得到加强。基础训练应辅之以专门训练，使维和部队做好应对特定威胁的准备，例如在丛林地区和有简易爆炸装置地区的行动。因表现不佳而使自己和同伴面临死伤危险的部队或警队成员，应接受强化训练任务，如有严重违反规定的行为，会遭到遣返。这些培训应在不同的特派团持续推行，充足的训练能够起到不断强化的作用，在防御层面和攻击层面的能力都能得到提高。为了减少部署前培训以及维和部队、警队装备方面的不足，联合国已经建立起相应的制度，提前向维和部队/警队所属装备委员会支付部分年度偿还费用。这将使出兵国/出警国能够在培训和基本装备方面进行更好的准备，也将使联合国在核查过程中拥有更大的权力。

所有联合国民事人员（Civilian），包括各出警国派遣的从事民事任务的警察，都必须接受维和任务区实地基本安全的在线培训。培训的基本科目包括安全与风险管理三级培训等基础培训，与任务区行动相关的拓展培训。部署到高风险环境中的人员必须完成高级在线培训和"现场环境中的安全方法"实践课程。所有人员应在抵达后不久收到东道国国内安全简报并进行阅览，以便更快捷地了解东道国的安全状况。

提供有效安全和安全保障的一个关键方面是确保联合国安全官员保持始终如一的高专业水平。但是，安全官员的招聘和培训仍然是一道难题。例如，安全是一个专业领域，军事人员或警察的经验本身并非是获得安全官员资格的唯一标准，因此，一些高风险的工作地点仍然缺乏专业的安全官员。① 目前，联合国安全和安保部雇用的安全顾问和联合国维和部与实战支持部（DFS）雇用的顾问标准不同，对当地联合国安全人员的素质提升和培训产生一定影响。此外，对联合国安全官员的培训一般不涉及专业性和管理问题。自联合国秘书长古特雷斯上任以来，对上述问题进行了点对点式改革，推行了系列旨在规范招聘和培训的工作，并将招聘信息全部提交至联合国安全与安保部，② 取得了积极的进展。在提高若干特派团首席安全顾问的资历方面也取得了一些进展，可以更好地反映出该职位的责任。③

在维和特派团开展维和工作遭遇危机期间，特派团的安全小组将承担如人员疏散、撤退等重要工作。因此，这一工作需要进一步加强，以满足规划、评估和业务需要。在执行任务期间，特派团往往不愿意将其安全官员借派给其他特派团，因为这可能会使其本身的任务面临风险。危机局势发生时，拥有较高技能水平的安全官的专业能力会体现出高价值，并且会对危机管理做出积极贡献。

（二）情报

战术情报对维和特派团极为重要，可以在一定限度上防止人员伤亡，确保人员和财产安全。维和特派团必须有能力将情报转化为促进安

① United Nations, Report of the Special Committee on Peacekeeping Operations, UN Doc. A/64/19, March 19, 2010, para. 41.

② See UN Careers website, "Staff Categories", available at https://careers.un.org/lbw/home.aspx? viewtype = SC.

③ UN General Assembly, Report of the Secretary – General: Safety and Security of Humanitarian Personnel and Protection of United Nations Personnel, UN Doc. A/68/489, September 27, 2013, para. 76; and UN General Assembly Resolution 69/133 (January 19, 2015), UN Doc. A/RES/69/133, para. 32.

全的简单任务和行动。维和特派团并不缺乏收集情报的高科技资源，同时，经过联合国和平行动部的不断改革，维和情报已经纳入维和行动，成为一项有法规可遵循的工作。但是联合国维和人员素质参差不齐，有些在很大程度上缺乏基本的情报知识，尤其缺乏技术使用、情境意识、研判能力以及与民众沟通的能力。虽然有一些学者主张维和部队应该有更多的战术情报机构①，但应当遵守联合国维和行动的基本原则。情报的最终用途是增强行动的安全性，确保行动效果达到预期目的。当情报信息充足可用时，维和部队不会选择冒进采取行动。

系统地了解和评估安全局势，收集和分析信息，可对任务区安全形势形成一个综合、可靠的判断。良好的形势意识对于确保联合国维和行动中的军事人员、警察和民事人员的安全至关重要。② 拥有从维和任务区实地延伸到总部的专业和高效情报系统对于支持预防和反应行动、任务、计划至关重要。缺乏信息和分析意味着联合国的维和行动可能无法对特定威胁采取适当的保护措施，将危及联合国人员的生命，并破坏任务行动的效力。

国际社会期望联合国提高维和行动的形势意识。过去，东道国和其他一些联合国会员国对联合国维和行动的中立性存在怀疑心理，认为为联合国维和行动收集的信息可能处理不当或被利用，③ 因而

---

① Haidi Willmot, Scott Sheeran, and Lisa Sharland. Safety and Security Challenges in UN Peace Operations, https://www.ipinst.org/wp-content/uploads/2015/07/IPI-E-pub-Safety-and-Security-in-Peace-Ops.pdf.

② Fiona Blyth, "UN Peacekeeping Deploys Unarmed Drones to Eastern Congo", Global Observatory, February 27, 2013, available at http://theglobalobservatory.org/2013/02/un-peacekeeping-deploys-unarmed-drones-to-eastern-congo/.

③ United Nations, Final Report of the Expert Panel on Technology and Innovation in UN Peacekeeping, February 2015, pp. 22-25, www.performance-peacekeeping.org/.

对其施加了或明确或含蓄的政治和法律限制，并对联合国维和行动加以限制，因此，东道国的态度、主权和合法性是维和行动特别委员会（C34）讨论的核心。①

利用现代技术进行态势感知一直是联合国实践欠缺的领域。② 卫星、无人驾驶飞行器、地面传感器和其他监控技术可以记录和传输图像并进行传播，这可以提高联合国维和人员对武装组织可能发动的袭击、军队部署和行动、车队保护和路线清除等情况的认知。然而，联合国维和人员要从收集到的信息中获益，就需要联合国工作人员、特派员或承包商在解释和处理图像方面具有专门知识，而维和特派团往往缺乏专业的分析人员。联合国维和技术与创新专家小组的报告已经详细讨论了许多对将新技术引入维和特派团的担忧。③ 在无人驾驶飞行器（UAV）投放军事领域20年后，联合国驻非洲维持和平人员正在试图扩大使用无人机，以改善维和部队防御能力，更好地保护冲突地区的平民社区。即使在资金日益紧张的情况下，使用无人机仍是联合国主管维持和平行动副秘书长赫维·拉德苏斯（Hervé Ladsous）领导的“技术革命”的一部分，旨在使维持和平更加有效。

这一新趋势为联合国驻刚果民主共和国、中非共和国和马里特派团引进了多种类型的无人机。预计在达尔富尔和南苏丹还会有

① United Nations, Report of the Special Committee on Peacekeeping Operations, UN Doc. A/63/19, March 20, 2009, para. 42; C34 Report 2010, para. 43.

② Permanent Mission of Rwanda to the UN, "Remarks by Permanent Representative, Eugene – Richard Gasana at the UN Security Council Briefing on Peacekeeping Operations", June 26, 2013, http://rwandaun.org/site/2013/06/26/remarks – by – permanent – representative – eugene – richard – gasana – at – the – un – security – council – briefing – on – peacekeeping – operations/.

③ Government of the Netherlands, "The Netherlands to Contribute to UN Mission in Mali", news release, November 1, 2013, www.government.nl/news/2013/11/01/the – netherlands – to – contribute – to – un – mission – in – mali.html.

进一步部署。与许多负责武装侦察和目标获取的军用无人机不同，支持联合国维和行动的无人机主要用于监视和态势感知。拉德苏斯说：“（有无人机）你可以更快、更果断地采取行动。”① 无人机能够提供地面有关情况发展的实时图片，因此在保护平民方面能发挥更大作用。无人机通过改善维和人员的安全状况，通过事先对敌人的伏击或攻击发出警告来拯救生命，并可以通过在驻地延长停留时间提高东道国公民的安全信心。

维持和平行动特别委员会呼吁联合国制定监测和监视技术政策，其中包括有“法律、业务、技术和财政方面的考虑，特别是有关国家的同意”，并要求更新评估在联刚稳定团部署无人机的经验教训②，这对今后在其他特派团中使用非常重要③。卢旺达曾抵制部署无人机，其他国家也有类似的顾虑。④ 然而，这并没有妨碍在马里稳定特派团设立一个新的军事情报单位，即信息融合单位，其主要任务是收集、处理和分析特派团的情报。荷兰还向马里稳定特派团提供了无人驾驶车辆和战斗直升机，其职能包括收集情况信息。

---

① https：//defense - update. com/20160905_unmanned_peacekeepers_over_africa. html#：～：text = UN% 20Peacekeeping% 20forces% 20are% 20employing% 20unmanned% 20aerial% 20systems，peacekeepers% 20include% 20surveillance% 20aerostats% 2C% 20used% 20for% 20force% 20protection.

② Walter A. Dorn，“The Cloak and the Blue Beret：Limitations on Intelligence in UN Peacekeeping?”，International Journal of Intelligence and Counterintelligence 12，No. 4（1999）：442.

③ “Understanding and Integrating Local Perceptions in Multidimensional UN Peacekeeping”，2013，available at www. peacekeepingbestpractices. unlb. org/PBPS/Library/Civil_Affairs_Survey_of_Pratice_Local_Perceptions_Nov_13. pdf.

④ Feinstein International Famine Center at Tufts University，“The Future of Humanitarian Action：Implications of Iraq and Other Recent Crises”，January 2004；see also，Dan Murphy，“In Iraq，Aid Group Favors Talk Over Barbed Wire”，Christian Science Monitor，December 18，2003.

在大多数联合国维和特派团中，态势感知工作集中在联合行动中心、联合特派团分析中心、安全情报和行动中心、军事（情报）小组，在某些情况下，还包括警察刑事情报单位。人道主义信息中心也可以在情报方面发挥关键作用。但这类组织各有分工，收集的信息比较分散，无法很好地协同工作，对日益恶化的安全局势缺乏统筹预警和预测分析。而联合国的态势感知行动也存在一些问题，包括缺乏行之有效的制度或架构、缺乏有经验的工作人员、信息分析与政治纷争之间缺乏客观评估、生产和传播不规范等。①

联合国维持和平行动部于2012年底宣布，它打算在马里维持和平行动中使用无人机技术。② 随后，2013年1月，联合国宣布将在刚果民主共和国东部基伍省部署无人机，以提高人们对该地区风险的认识并提高威慑力。同时联合国在阿富汗、巴基斯坦和索马里持续使用武装无人机，“以提高态势感知能力”。但在联合国首次宣布部署时，该地区一些国家，如卢旺达表示强烈反对，认为“非洲不应成为海外情报设备的实验室”，③ 但后来保罗·卡加梅（Paul Kagame）总统表示，“如果联合国认为无人驾驶飞机将有助于实现和平，那就部署它们。”④ 这种情况表明，联合国在东道国使用新技术

---

① United Nations, Brahimi Safety and Security Report, para. 277.

② Rep. of the Special Comm. on Peacekeeping Operations, 39, 2012 Substantive Sess., Feb. 21, March 16, and Sep. 11, 2012, GAOR, 66th Sess., Supp. No. 19 (2012), http://www.un.org/en/ga/search/view_doc.asp? symbol = A/66/19.

③ Colum Lynch, *U.N. Wants to Use Drones for Peacekeeping Missions*, Wash. Post, Jan. 8, 2013, http://articles.washingtonpost.com/2013-01-08/world/36210223_1_laboratory-for-intelligence-devices-surveillance-drones-peacekeeping-missions.

④ SAPA, *No Issue with US Drones in DRC: Kagame*, IOL News, Jan. 21, 2013, http://www.iol.co.za/news/africa/no-issue-with-us-drones-in-drc-kagame-1.1455627.

时会遭遇东道国的反弹，而东道国全面接受新技术也需要一个过程。

建立联合国情报系统的许多条件已经具备，2017 年，古特雷斯领导下的联合国对维和情报进行了新的规范。联合国人员在任务区实地和总部的日常工作中收集信息可更多地利用现代技术。鉴于联合国维和行动部署在动荡的环境中，部分成员国对联合国维和行动内建立适当的情报系统也表示有条件的支持。这就需要特派团领导、总部领导和安全理事会确定情报系统的总方向，确保一致的敏感情报收集政策，建立一个共同的情报数据收集、处理、调度、使用平台，统一现有的态势感知情报机构，确保工作人员具有相关背景和专业培训，系统地执行信息处理协议，以及管理情报传播范围。这样，联合国人员的安全与安全保障、特派团的运作效力以及安全理事会的决策都将受益于建立一个专业高效的情报系统。

联合国情报系统应该从任务区实地延伸到总部。主要服务对象应是特派团领导、总部领导和安全理事会。它应包括五项基本内容：一是总体领导能力和指导能力，制定适合联合国维和行动目标的情报收集政策；二是建立一个通用的情报整理分析平台；三是统一现有情报态势感知机构，聘用具有相关背景和专业培训的工作人员；四是系统地输出一致的情报产品；五是制定防止情报信息泄露的一般情报处理协议，并由专业人员管理情报产品的知悉范围。该系统应面向在任务区实地和总部一级通报预防和反应迅速的行动，支持规定、规划和业务活动。它应当为维和行动提供信息，确保维和人员及行动安全。一个结构良好、专业配备精良的情报系统进行高质量的评估以支持联合国的维持和平工作，将成为改善军事人员、警察和民事人员的安全与安全保障的有效措施。

（三）任务的适当性

在非常恶劣的条件下，没有明确目标的过度部署，如在公路上频繁地安排长时间、缓慢行驶的补给车队，会增加武装组织对联合国维和部队攻击的可能性。如果维和行动辐射面过大，会迫使任务中 90% 的作战能力用于护送车队和自我保护。这使得特派团没有能力集中力量解决当地问题，例如对当地的平民实施保护。

（四）责任

对袭击联合国维和人员的惩治，使其对不当行为承担责任，是确保联合国维和人员安全的重要保障。武装分子发动袭击后，如果逍遥法外，得不到应有的惩罚，联合国维和行动很可能被认为十分软弱，反而使其倾向于对无辜居民和联合国维持和平人员发动报复性攻击。因此，联合国应追查袭击、严重伤害和杀害维和人员及平民的武装组织和个人，将他们绳之以法。在发生安全事件后，联合国应立即做出强有力的反应，调动维和部队，建立一个特别行动项目，防止有罪不罚现象激发对维和人员及平民的暴力行为。同时，在高风险环境中，加强联合国人员与当地民众的互动，对惩处犯罪分子亦具有重要的防范作用。

一、安全与安全保障的重要性

安全与安全保障是联合国实施有效维和行动的重要组成部分。联合国维和行动部署到动荡环境中，而安全与安全保障显得尤为关键。其具体行动包括组建维和部队与维和警察部队；有效履行安理会授权的维和任务；在最需要的时候保障安全和任务顺利实施。

联合国管理和工作人员承受着众多风险因素，但是并非所有风险都能消除，因此，应切实减轻和管理现实风险。2008 年《联合国人员和场所安全与保障独立小组报告》（又称《卜拉希米安全与安保报告》）指出："安全是实现实质性目标的战略工具。"①

改善联合国维和行动安全与保障有诸多益处。第一，能够更好地保护联合国工作人员，包括民事人员、军事人员和警察；第二，能够切实提高联合国工作人员的士气和纪律性；第三，能够减少使用资源，尤其是与安全事件后续行动有关的资源，例如调查、赔偿；第四，提升在高风险环境中部署维和行动的能力；第五，提高执行任务的效力；第六，增加人道主义行动者行动环境的宽松性；第七，提高联合国维和部队招募的可持续性。

在联合国维和行动中，安全与安全保障首先是保护联合国民事人员、军事人员和警察免受安全风险的影响。这是联合国作为组织机构的基本责任和义务。其会影响工作人员的招聘、健康、士气，及生活福祉。② 可预防的安全事故如果发生，还可能引发针对机构甚至个人的

---

① UN, *Report of the Independent Panel on Safety and Security of UN Personnel and Premises Worldwide* (Brahimi Safety and Security Report), June 9, 2008, para. 16.

② Ian Richards, letter to the UN Secretary – General, August 19, 2013, http: //staffcoordinatingcouncil. org/attachments/article/188/2013%2008%2019%20 LetterMemorial. pdf.

责任追究和赔偿。①

联合国人员的安全与安全保障是有效执行任务的一个基本要素。理论上来讲，联合国应当而且有能力保护其工作人员和联合维和行动人员免受风险和威胁影响，并在他们受到威胁或攻击时及时做出反应。对安全和安保问题实施有效管理可增强人员的可移动性和行动信心。② 确保人员和行动的安全性的目的不是限制业务的开展，而是促进整个维和业务的顺利进行。走出联合国营地、进入东道国社区，在受影响地区内部和附近开展工作、显示存在，一直被视为进行有效政治对话、平民保护和人道主义行动的必要举动，但如果缺乏安全保护，这些行动在现实中往往难以实现。③ 因此，有学者提出，让联合国军事特遣队和组建警察部队维护安全，使行动机动性更强，并能够保持一种战斗姿态。这反过来又对构建安全可靠的行动环境产生积极影响，这样任务区的平民才能得到有效保护，政治进程才能更好地推进，人道主义行动者才能更有力地开展工作。

---

① Edward Kemp and Maarten Merkelbach, "Can You Get Sued? Legal Liability of International Humanitarian Aid Organizations towards Their Staff", Security Management Initiative policy paper, Geneva: Geneva Centre for Security Policy, November 2011, p. 5; Koenraad Van Brabant, "HPG Briefing: Mainstreaming Safety and Security Management in Aid Agencies", Humanitarian Policy Group Briefing No. 2, London: Overseas Development Institute, March 2001, www. odi. org. uk/hpg/papers/hpgbrief2. pdf.

② Claude Bruderlein and Pierre Gassmann, "Managing Risks in Hazardous Missions: The Challenges of Securing United Nations Access to Vulnerable Groups", Harvard Human Rights Journal 19 (2006): 63, 65, 69.

③ Refugees International, "DR Congo: Support Community - Based Tools for MONUSCO", Field Report, May 3, 2011, www. refintl. org/sites/default/files/050211_DRC_Support_Community. pdf; Julie Reynaert, "MONUC/MONUSCO and Civilian Protection in the Kivus", Antwerp: International Peace Information Service, 2011, http: //reliefweb. int/sites/reliefweb. int/files/resources/D11C9B161C34353 9C1257847004BF8BF - Full_Report. pdf.

如安全和安保方面存在问题，便会对维和部队和工作人员招募产生负面影响。由于出兵国/出警国在部署其人员参与联合国维和行动时，通常不与本国国家利益发生直接联系，因此国内对维和人员伤亡情况的承受能力有限。从维和行动实施环境来看，人员和物资损失的风险时刻存在，而联合国维和行动人员伤亡事件的发生，使得国际社会经常认为联合国无力降低这种风险，直接导致出兵国/出警国降低部署维和人员的意愿，并最终降低联合国维和行动的可持续性。存在安全风险是许多发达国家不愿为联合国行动提供军事和警察力量的一个重要因素。例如，2013 年戈兰高地安全局势不断恶化，由于联合国被认为无力管理安全风险，导致一些国家从联合国观察员部队中撤出。①

2014 年，安全理事会维持和平工作组提出了若干建议，包括要求秘书长对针对维和人员的袭击进行报告。② 秘书长随后在报告中承认，维和行动的不稳定性日益加剧，针对维持和平人员的敌对行为日益增多。③ 几个出兵国/出警国还利用安全理事会关于维持和平和具体特派团的专题辩论来表达其关切。虽然成员国认为需要认真处理安全和安保问题，但对于如何解决这些问题，几乎没有达成共识。

---

① "Austria Begins Withdrawal from Golan Heights", Al - Jazeera, June 12, 2013, www. aljazeera. com/news/middleeast/2013/06/201361271425112509. html.

② "Meetings of the Working Group", www. un. org/sc/committees/wgpko/meetings. htm.

③ UN General Assembly, Report of the Special Committee on Peacekeeping Operations, UN Doc. A/68/19, March 21, 2014, para. 36.

二、联合国系统的安全与安全保障

（一）历史源起

2003 年 8 月，联合国驻巴格达总部发生爆炸事件，造成 22 名工作人员和访客死亡，这促使联合国开始认真反思系统内的安全和安保问题，随后发表了《联合国人员在伊拉克的安全保障独立报告》（又称《阿赫蒂萨里报告》）。尽管联合国安理会并未授权在伊拉克部署维和人员，但这起针对联合国的袭击依然给联合国安全与安保工作敲响了警钟。

2004 年 6 月，联合国副秘书长路易丝·弗雷切特（Louise Fréchette）报告了为全面加强联合国安全系统、提高联合国安全协调员办公能力而发起的几项倡议。① 2004 年 12 月，联合国大会通过 A/RES/59/276 决议，决定设立联合国安全与安保部。联合国安全与安保部负责对安保管理系统提供领导、业务支助和监督，确保工作人员的最大安全，并使联合国的方案和活动能够最安全、最有效地进行。因为联合国认识到“迫切需要建立一个统一和强化的安全管理系统，以确保联合国工作人员、联合国总部和主要工作地点以及实地的房舍的安全与安全保障”。②

联合国安全与安保部的主要职责包括以下几个方面：一是通过确保对所有与安全有关的威胁和其他紧急情况做出连贯、有效和及时的

---

① Åse Gilje Østensen, “UN Use of Private Military and Security Companies: Practices and Policies”, SSR P. 3, Geneva: Geneva Centre for the Democratic Control of Armed Forces, 2011, pp. 18 – 19; Bruderlein and Gassmann, “Managing Risks in Hazardous Missions”, pp. 75 – 76.

② UN General Assembly Resolution 59/276 (January 17, 2005), UN Doc. A/RES/59/276, xi, 4.

反应，支持和促成联合国活动的有效开展；二是通过在全系统通用方法框架内建立协调的安全威胁和风险评估机制，确保有效缓解风险；三是在整个联合国系统制定高质量、行之有效的安全政策、标准和业务程序，包括适当程度的标准化；四是支持执行和监测这些安全政策、标准和业务程序的遵守情况；五是利用规模经济，通过集中指导招聘、甄选、培训、部署和职业发展，确保受到保障的人员在上岗工作方面最具成本效益。①

2007 年 12 月，联合国驻阿尔及尔办事处遭到恐怖袭击，造成 17 名联合国人员死亡，40 人受伤。为此，2008 年，《卜拉希米安全与安保报告》对联合国维和行动安全问题进行了详细阐述。报告指出，由于组织弱点和个人人为失误，联合国办事处很容易受到攻击。报告特别指出，需要建立一种"将安全视为共同责任"的组织文化。② 报告的结论是，尽管更加重视安全和改革，并增加了安全和安保方面的支出，但实际效果仍然差强人意。

2010 年，联合国系统首席执行官协调委员会批准了一项总体政策转变，即从关注"撤出"转向"如何留下来"。③ 这一变化与《可接受风险准则》的制定密切相关。④ 将工作重点转向主动管理风险，使联合国能够在动荡的环境中"保持行动和完成任务"。该变化协助确定哪些活动对完成特派团的任务最为关键，因此有可能承受更大的风险，或分配更多的安全资源以降低风险。

---

① https：//www. unjobnet. org/organization/UNDSS.

② United Nations，Brahimi Safety and Security Report，p. 3.

③ UN General Assembly，Report of the Secretary – General：Safety and Security of United Nations and Associated Personnel，UN Doc. A/65/344，September 3，2010.

④ Jan Egeland，Adele Harmer，and Abby Stoddard，"To Stay and Deliver：Good Practice for Humanitarians in Complex Security Environments"，Policy and Studies Series，New York：OCHA，2011，p. 8.

2011 年，联合国实施了新的安全管理框架和安全级别体系。这在很大程度上取代了旧的安全管理系统，旨在以更加客观和具体的方式，通过加强先前系统的自动安全措施，使决策更加灵活。虽然联合国维和行动部发布政策，将联合国安全管理系统（UNSMS）的安全风险评估进程扩大到军事特遣队和组建警察部队的人员，并获得了包括会员国在内的国际社会的支持，但在现实中却少有实践，仅在 2013 年 3 月联合国维和观察员部队进行了一次评估。

（二）管理和运营结构

从法律上讲，东道国对联合国人员和营地的安全负有责任。然而在实践中，联合国承担了大部分工作。一般而言，联合国维和行动有几个安全提供者或安全保障方，主要有以下几个方面：第一，东道国所提供的安全服务；第二，联合国专职安全人员提供的安全保障服务；第三，联合国军事人员和警察，即维持和平特派团自身所做的安全防护；第四，联合国警卫队，即特别政治特派团；第五，与联合国合作的外国武装特遣队；第六，私人保安公司。

联合国维和行动的安全能力也可以辅之以通过特派团间合作提供的支助。上述六个安全保障供应方中的每一个都有优点，但同时又有不足。每个安全保障方对资源的需求不同，对政治接受能力不同，执行授权任务的能力也不同。联合国维和行动的安全保障通常是由这些安全保障方组合提供的。在大多数联合国维和行动中，联合国安全官员担任咨询和分析职务，而联合国军事人员和警察承担大部分后勤保障工作。在联合国特别政治特派团中，只有少量联合国安全官员提供分析和咨询，特派团主要依靠东道国国家安全部门、联合国警卫队或私人安全提供者进行后勤保障方面的工作。

联合国维和行动的主要安全需求表现在以下四个方面：一是保护房地，如守卫营地、通行证和身份证检查；二是保护行动，如保护车队、行动、小型特派团；三是人员警卫，如对特派团领导人的保护；四是反应能力，如应对伏击、伤员护送医疗等。

安全和安保问题的管理以联合国内部专业的安保力量为中心，但对于军事人员和警察特遣队来说，仍由维和行动部和维和人员个人负责，这种情况下，不同类别人员的安全保障就比较混乱。

区分对待联合国民事人员、军事人员及警察特遣队队员的理由在于，联合国对前者负有更大的照顾责任，因为他们受联合国的直接管辖和雇用，而军事人员和警察与出兵国/出警国保持着紧密的联系，所以出兵国/出警国对他们具有一定程度的管控权和安全保障责任。此外，虽然军事人员和警察因其职业特点、活动性质将面临较高程度的风险，但他们拥有各类装备以减轻并应对这种威胁，包括使用武力的手段，防护装备（如盔甲）、火力支援等。

（三）联合国安全与安保部

联合国安全与安保部的主要职能包括：一是提供对联合国军事人员、警察、民事人员三方的安全业务领导、业务支持和监督；二是提供安全问题综合协调框架；三是提供安全专业知识，使任务按规划安全地进行；四是领导制定安全政策和程序；五是识别和评估与安全相关的威胁和风险，确保对所有与安全相关的威胁和其他紧急情况做出连贯、有效和及时的反应。①

负责安全和安保事务的副秘书长对联合国的安全承担领导责任。主要包括负责领导和管理；确保联合国工作人员、营地和资产的整体安全与保障；为指定官员提供监督、战略政策和行动指导，以确保维和行动的安全。联合国安全与安保部不负责、也不参与解决与

---

① UN, *Secretary - General's Bulletin*: *Organisation of the Department of Safety and Security*, UN Doc. ST/SGB/2013/5, August 5, 2013.

军事人员和警察的安全与安全保障有关的问题，但担任特派团的专家除外。

联合国所有部门、办事处、机构、基金会和方案及其实地存在都受联合国安全与安保部的监督和监管。总部一级每个联合国实体的安全协调中心通过机构间安全管理网络（IASMN）参与安全问题。除军事人员和警察特遣队员外，由于得到国际安全局和联合国行政长官理事会三大支柱之一的高级管理层的批准，联合国安全与安保部制定的政策适用于整个联合国系统。在联合国系统内，这种政策具有广泛的应用是不寻常的，这证明了全系统的合作和对本身问题的重视。然而，尽管安全政策覆盖面广，但在实践中对该领域安全政策的执行仍然不一致。

（四）联合国维和行动安全官员

在联合国维和行动中，联合国指定的安全官员是安全管理的一部分，担任秘书长的特别代表或特派团团长的护卫任务。指定官员负责联合国民事人员、财产和房地的安全，并领导安全管理小组，该小组将维和行动与在该国的所有其他联合国实体的负责人聚集在一起，就安全问题做出决定。

联合国安全官员一般在维和行动中携带武器，但在特殊政治任务中不配戴武器。他们部署的人数相对较少，主要从事分析和咨询工作，很少人承担实战的业务任务。在维和行动中，安全小组在首席安全官/顾问的领导下运作，在重大任务中，首席安全官/顾问应当得到地区/现场安全协调员的支持。联合国安全官员承担的任务包括：一是向指定官员提供安全建议；二是在特派团一级拟订安全政策和计划；三是为特定活动编制总体安全风险评估；四是提供与安全局势相关的情报产品；五是就联合国安全问题与当地安全部门和其他武装组织接触；六是应对安全事件。

（五）安全与安保部政策工具

联合国安全管理系统（UNSMS）为民事人员提供联合国安全保障支持、指导和标准的统一系统的概念解读。它具有广泛性，基于两个指导原则：第一，“确保联合国工作人员和营地的安全与安全保障的主要责任在于东道国”。出兵国/出警国的安全责任对本国军事人员和警察部队的安全与安全保障负有重大责任。特遣队应配备自己的防护装备，并开展自己的部队保护活动。第二，联合国安全管理系统应统一，但主管权限下放到国家一级。

安全级别系统（Security Level System，SLS）于2011年开发并推出，是联合国安全风险管理（United Nations Security Risk Management，SRM）框架的新增内容，用于为联合国开展业务的区域分配安全等级或级别，从1（最小风险）到6（极端风险）不等，以确定该区域的总体威胁或危险级别。尽管表面上看起来与安全阶段系统相似，但实际上安全级别系统在方法、思想和用法上都有很大的不同。它客观地描述了一般威胁环境，例如威胁、危险和潜在危害原因，并利用该评估部分告知安全风险评估（Security Risk Assessment，SRA），从该评估中做出更具体的安全决定，例如针对工作地点或特定业务的活动。安全风险评估是安全风险管理的一部分，是分析安全风险的主要工具，从可能性和影响的角度评估预先定义的威胁类别。它是确定将要执行的安全风险管理措施的基础。①

《卜拉希米安全与安保报告》认为，《联合国安全与安保问责框架》是联合国安全和安保领域最重要、最积极的推动力量之一。②它规定了某些关键的联合国官员在实地和联合国总部的责任，被认

① UN General Assembly，SG Report to the C34，p. 8.

② United Nations，Brahimi Safety and Security Report，para. 238.

为对联合国特派团的所有人员具有约束力，维护了维和行动纪律的权威性。

根据《卜拉希米安全与安保报告》和《联合国安全与安保问责框架》确定的安全概念，已在联合国特派团框架内得到广泛采纳和应用。它为明确对于完成联合国的任务或任务最为关键的活动范围起到关键作用。因此，它可最大限度地接受更大的风险或更多的资源配置以减轻风险。这种方法旨在使联合国能够更好地完成好任务授权。这一概念的内在性是联合国及其人员接受一定的风险。在高级管理人员确定“可接受的风险”时，必须考虑方案关键性与安全风险评估之间的关系。①

在联合国总部层面，通过制定行动理论、战略军事威胁评估以及与军事行动概念、部队结构、交战规则、营地设计、资产、特定推动者的性质和部署有关的规划性决定，对军事人员和警察特遣队的安全与安全保障负有一定责任，并可能影响其安全。然而，在日常行动中，有关行动的决定由部队指挥官和警务专员决定，通过这一指挥链，特派团也承担一些责任。

---

① UNDSS, “Security Risk Management”, in Security Policy Manual, ch. IV, sec. A.

第四章　联合国维和行动安全管理

一、政治与外交

联合国维和行动是一项集体安全努力，需要联合国各成员国的认同和集体贡献，包括财政贡献、派遣人员、政治支持等。安理会的主要功能在于召集其他成员国为联合国维和行动提供必要的财政和人员。由于联合国维和行动对责权、筹资、规划和执行进行分门别类的管理，维和行动安全的主体责任分散且不明确。从联合国已发生的各种安全事件和安全事故来看，国际社会认为联合国维和行动在安全方面主要存在的问题：一是安全理事会在规定做法方面过于泛泛，涉及面太广；二是行政和预算委员会未能分配足够的资源用以确保安全；三是联合国秘书处规划不充分，行动部署过于缓慢；四是出兵国/出警国不愿承担风险；五是安全专业人员对风险的管理方法过于保守。

一方面，一些学者呼吁国际社会需要正确理解和接受维和行动所产生的风险；另一方面，这一主张被批评过于理想化，不切实际。例如，从出兵国/出警国角度而言，由于可能引起国内社会的反弹，没有任何一个国家接受自己国家派出的军事人员和警察出现伤亡事件。因此，出兵国/出警国在安全问题上都较为谨慎。在某些环境中，出兵国/出警国确实需要接受更高的风险，但应得到适当的补偿。

东道国需要积极承担责任和承诺，包括《维和部队地位协定》

和《特派团地位协定》所规定的内容。

自2010年以来，安理会会收到政治事务部（DPA）提供的安全简报。这种简报旨在发挥预警作用，向安理会提供预防性外交和预防冲突活动的信息。虽然这些简报能够发挥一定作用，但批评者认为它们缺乏深入分析，在选择问题时缺乏客观性。① 特别是往往侧重于政治问题，而不是关注更广泛的安全、人道主义和人权问题。因此，由于信息不对称，安理会成员国对动荡不安的国家的安全局势缺乏充分的了解，进而破坏了对这些问题的集体考虑和采取预防行动的可能性。成功的冲突预防和应对依赖于良好的情报，因此，自2017年联合国秘书长推动联合国维和行动改革以来，特别强调情报的重要性、获取情报的规范性，要求做到有效处理，而不是秘密收集信息。

安理会应每周介绍部署维和行动的国家以及那些经历动荡的国家所处的不稳定情况。② 这种简报对于安理会根据《联合国宪章》第六章和第七章执行其预防冲突和履行责任发挥重要作用。简报应紧紧围绕现实情况和风险，查找、分析风险并对其进行评估，即发布风险预警。

根据对安全局势的共识，安理会成员、东道国、主要出资方、潜在及现有出兵国/出警国、秘书处官员以及活跃在该地区的主要区域组织或其他伙伴的代表之间需要进行强有力的对话。

---

① Security Council Report, "In Hindsight: Horizon - Scanning Briefings", May 1, 2013, available at www. securitycouncilreport. org/monthly - forecast/2013 - 05/in_hindsight_horizon - scanning_briefings. php.

② United Nations, *Final Report of the Expert Panel on Technology and Innovation in UN Peacekeeping*, February 2015, p. 53, www. performancepeacekeeping. org/.

（一）联合国及其维和行动

联合国安理会关于联合国维和行动人员安全与安全保障的公开辩论会每年举行一次。每届会议聚焦议题并不相同，但会包括当年联合国维和行动人员安全与安全保障的基本情况、全体会员国对具体改进的承诺等专题决议。

在安理会成员、东道国、主要出资者、潜在/现有出兵国/出警国、秘书处官员和活跃在该地区的主要区域组织或其他伙伴的代表之间定期开展维和行动对话也是一件有意义的事情。这些对话对于联合国维和人员安全具有重要意义，能够加强各方联系，倾听各方呼声，无论以官方对话还是非官方对话的形式，目的是为安全理事会的授权活动提供信息。

联合国维和行动安全简报每周向安全理事会通报部署维和行动的国家，以及那些处于动荡状态或不稳定国家和地区的情况。简报是系统性的、定期的、全面的。定期是指不需要安理会成员的邀请，成为一项惯例议题；全面是指内容涉及安全、政治和人道主义问题，并由联合国综合实体，如联合国行动和危机中心、联合国安全与安保部提供。为了避免议题政治化，根据预先确定的指标，简报选择问题应当是客观的，应紧紧围绕现实，充分分析形势，并对其发展轨迹进行评估预警。这种简报将支持对安全局势的共识，并通报战略一级的决策情况。

采取法律和政治行动，追究袭击联合国维和行动的肇事者的责任。这要求东道国履行国际法和《国际刑事法院法》所阐明的责任，并支持对违反国际人道主义法和国际刑法的起诉。

（二）其他参与维和行动的地区组织

由于大多数联合国维和行动都在非洲开展，非洲联盟（AU）即成为联合国维和行动能够依赖的重要地区组织，同时，非盟对本地区的安全治理也表达出关切和参与治理的决心，愿意在联合国安理会授权的联合国维和行动中发挥更大的作用，承担更多责任。自2002年成立以来，非盟在满足维和人员需求方面显示出了一些比较优势。①

联合国的任务是维护全球和平与安全，而非盟已成为非洲和平与安全的主要参与者。两个组织都认识到彼此的战略重要性。近年来，两个组织表现出对深化和平与安全伙伴关系的兴趣，2017年4月启动的《联合国—非盟加强和平与安全伙伴关系联合框架》便被视为在战略和行动上加强两个组织之间协调的高潮。该框架规定了联合技术和业务步骤及两个组织将在不同层面采取的活动，以加强伙伴关系。

（三）伙伴关系：协同与合作

在联合国维和行动旗帜下，联合国系统的各个部门都开展了密切合作。从联合国内部组织架构之间，到维和行动特派团内部军事人员、警察、民事人员之间，协同与合作成了保障联合维和行动安全与安保的必要条件。联合国内部组织架构之间的合作是指通过支持指定委派的官员来实现，并由他负责安全管理工作。维和行动特派团内部军事人员、警察、民事人员之间的合作是为不断满足维和行动环境的复杂性以及不断增长的资源需求而进行的军民协同。

尽管东道国政府有责任为联合国维和行动人员提供保护，但这不能改变联合国安全与安保部工作人员对联合国组织的安全责任。特别是在遇到紧急情况时，如果东道国当局向联合国维和人员发出有关安全或保护的提醒，如这些提醒与联合国安全与安保部指定官

① https：//reliefweb. int/report/world/building – better – un – au – peacekeeping – partnership.

员的指示有出入，应立即将该情况通知维和人员。联合国安全与安保部指定官员应与东道国政府充分展开合作，努力确保维和人员人身及其家属和财产安全。如果东道国政府以外的政府提供替代其他安全保护，如出行、住宿，则应在接受这些安排之前咨询指定的联合国安全官员。

指定官员将努力与联合国系统之外的组织协调安全与安保行动，并在可行和可取的范围内与外国外交使团协调，使秘书长通过负责安全和安保事务的副秘书长对局势进行评估。

在发生劫持人质事件时，指定安全官员应该立即与东道国政府的外交部联系，并要求提供有关劫持人质的所有信息；东道国政府有责任在安排安全释放人质方面进行合作；联合国负责安全与安保的官员，在任何时候都要与东道国政府的决策层和业务层保持联系；了解东道国政府计划采取的行动的信息。

二、行动安全管理

（一）责任问题

联合国在维和行动中的安全与安全保障的职责是全面的，不仅包括安全事件发生前和发生期间的活动，还包括支持安全事件发生后的工作人员，以及追究那些袭击联合国人员和场所的人的责任。但是对此类袭击缺乏问责制仍然是出兵国/出警国的一个重大关切。

对联合国人员安全与安全保障的国际法律规定的执行情况往往有限，即使在联合国人员被蓄意杀害的情况下，其追责问题也往往不能落实。《卜拉希米安全与安保报告》认为，1994 年《联合国和有关人员安全公约》（《安全公约》）及其 2005 年议定书是“保护非本国人员的工具”。但是缔约国都不同意部署联合国维持和平特派团，目前同意部署维持和平特派团的国家，并非会议缔约国。当东道国违反其《维和部队地位协定》和《特派团地位协定》规定义务时，考虑到要维持其同意部署维和行动的政治意愿，通常很少追责。在提高冲突各方对国际人道主义法执行义务方面，虽然红十字国际委员会的做法立场鲜明，但违反国际人道主义法的行为此时通常不受惩罚，包括由于一些安理会成员对国际刑事法院工作持保留态度。

追究袭击维和人员的组织和个人的责任是履行联合国维和职责的重要组成部分。它还可以对潜在的肇事者起到威慑作用，鼓励出兵国/出警国的信心，并维护联合国维和行动的不可侵犯性。更重要的是，能够守护那些为和平而冒着生命危险的人。

（二）组织安全框架管理

联合国安全与安保部为联合国所有部门、办事处、机构、基金和项目及其全球业务提供服务。联合国维和行动是其主要客户。许多特派团内部传统的思维对维和行动的安全及安全保障产生较大影响。一是东道国是负责联合国人员和资产安全的法理和事实上的实体。但实际上对于许多特派团来说，情况并非如此。二是联合国的安保机构设置能够提供安全保障，但出兵国/出警国认为，需要通过加强各方对话，即通过政治途径保障维和人员安全。因此，在维持和平特派团中，组织的安全保障职责则扩大到更广泛的群体，包括联合国军事和警察特遣队人员。三是安全问题是离散的，可以通过明确界定的问责框架来管理。事实上在维持和平特派团中，安全问题与政治、军事和后勤问题有着密不可分的联系，这些问题的管理是分散的而不是一体化的。四是该领域和总部的安保人员有足够的权力成为高级管理团队的一员。事实上在大多数维持和平特派团中，情况并非如此，尽管情况不断改善，但安全官员的资历往往低于其对应特派团的要求。五是主要的安全专业知识的普及要依靠安全团队来承担的认识。事实上，在维持和平特派团中，其他部门，特别是军事人员、警察和民事人员，也在安全知识专门普及工作中发挥重要的作用。

维和行动的安全活动与其他行动联系受到人为的割裂，并由此导致各种矛盾冲突。其中包括复杂的和职责不清楚的管理链、不必要的职能重复、对权力或资源的竞争、责任不明确以及信息孤岛。虽然联合国安全与安保部制定了成熟的政策框架处理联合国民事人员的安全与安全保障问题，但鉴于联合国维和军事人员和警察的特殊身份，普遍认为安全问题应当由其自己解决。在联合国维和行动中，将平民安全与其余人员安全情况分开是没有意义的，会破坏特派团安保事务的整体性。许多情况需要特派团各部门采取协调一致的办法，军事部门和警察部门也不例外。如果联合国设施遭到袭击，则其内所有人员都面临同样的威胁，所有人员都可能被扣为人质，所有人都将受到疾病暴发或自然灾害的影响，军事人员、警察和民事人员可以采取联合保护行动。

维和行动部、联合国安全与安保部和实地支助部（DFS）、秘书长、副秘书长以及特派团的秘书长特别代表共同负责特派团管理工作。正常情况下，部门间的合作可以发挥积极作用，但在危机情况下，特别是安全和安保问题突出时，权威和问责制、明确领导和单一的指挥链能够快速做出反应显得至关重要。

在总部一级，维和行动部、副秘书长以及秘书长特别代表对特派团管理负有不同的责任，包括安全方面的责任。① 在任务区实地一级，联合国秘书长特别代表通过主管维和行动部副秘书长向秘书长报告。

---

① *Secretary – General's Bulletin*：*Organization of the Department of Safety and Security*，UN Doc. ST/SGB/2013/5，August 5，2013.

联合国秘书长特别代表负责特派团管理的所有方面，包括安全方面，如果被任命为指定的安全官员，他们还将承担可能超出特派团范围的联合国国家小组的具体安全责任。①

在维持和平特派团中，所有联合国人员的安全与安全保障在很大程度上严重依赖军事部分的活动。部队指挥官对军事人员实行"作战控制"，建立作战指挥链。② 当特遣队部署到维持和平特派团时，他们受部队指挥官（或警务专员）的独家行动指挥。③ 但是，许多出兵国经常使用国家警告和行使指挥干预，限制其派遣人员的活动，导致联合国指挥链失效。在2015年维持维和行动特别委员会（C34）常会上，负责维持和平事务的副秘书长指出："各部队未能尊重指挥链并充分执行《行动规则》（交战规则），导致保护平民特派团行动严重失败，而另一些部队则使特派团人员处于相当大的危险之中，这是不可接受的。"④

对于维和行动中存在的上述问题，应当进一步明确联合国高级领导人的责任，制定问责制和相应管理机构，进一步改善联合国维和行动中的安全和安保管理。或者通过限制或禁止出兵国/出警国对军事人员、警察活动的警告，以及通过制裁那些通过国家指挥干预破坏联合国指挥和控制的出兵国/出警国来改进。

---

① DPKO and DFS, *Policy on Authority*, *Command and Control in UN Peacekeeping Operations*, February 15, 2008.

② UN DPKO/DFS *Infantry Battalion Manual*, August 2012, vol. 1, p. 52.

③ "Statement by the Under – Secretary – General for Peacekeeping Mr Hervé Ladsous to the Special Committee on Peacekeeping Operations", February 20, 2015, www. un. org/en/peacekeeping/documents/150219_Ladsous_C34speech_draftOUSGFINAL. pdf.

④ "Statement by the Under – Secretary – General for Peacekeeping Mr. Hervé Ladsous to the Special Committee on Peacekeeping Operations", February 20, 2015.

（三）危机管理

对于联合国危机应对的“事后审查”发现，联合国缺乏有效的危机管理结构、政策、程序和培训。对于每天都面对危险、需要及时处理危机的组织来说，联合国缺乏与全系统应用一致的危机管理体系。联合国安全特派团提供的指导仅限于平民安全保障方面。要实现特派团全面安全保障，需要设立一个危机管理小组，一个统筹总部和实地的单一的应对协调机制。

制订危机管理计划是做好充分应急准备的一个基本要素。危机管理计划应包括详细说明各种安全局势，如恐怖袭击、内乱和危险，及自然灾害、火灾、疾病等。

联合国安全与安保部在制订并定期更新安全计划，及提供有效实施安全计划所需的资源方面发挥着关键作用。除了联合国安全与安保部安全计划外，所有特派团都制订了相应的危机管理计划，其中需要危机管理小组的成员和程序、危机期间的信息流、关键信息（如电话号码）等清单。同时应制订航空灾难计划、大规模伤亡事件计划、大流行疾病计划、业务连续性计划、通讯灾难恢复计划以及处理最可能和最危险情况的综合应急计划。所有这些计划应纳入整个特派团应急反应规划中，并指导所有联合国维和行动合作伙伴的集体行动。应根据不断变化的安全局势对这些计划进行系统修订，并定期对工作人员进行规划培训，并要求所有特派团每年进行一次危机管理模拟演习。

在危机局势中阻碍安全有效性的最实际问题之一，是在采购基本安全设备和加强安保人员能力方面经常遇到拖延。① 在特派团进

① David Haeri, “Overcoming Logistical Difficulties in Complex and Remote Peace Operations”, Challenges Annual Forum, October 14, 2014, www. challenges-forum. org/Global/Forum% 20Documents/2014% 20Beijing% 20Annual% 20Forum/Session% 203_Haeri_Speaker_15Oct2014. pdf? epslan – guage = en.

行新部署或遭遇危机期间，迅速获得现场安全装备和人员对于特派团能够继续开展工作至关重要。然而，联合国的采购和招聘规则、条例往往缺少应急反应能力。为了有效应对危机，联合国的规章制度需要具有一定程度的灵活性，以便在特殊情况下能够删减采购和招聘程序，并考虑快速部署的替代方案。

（四）规划选择安全模型

联合国安理会拥有一系列应对国际和平与安全威胁的工具，如实施制裁、部署特别政治特派团和维持维和行动、授权单个成员国或国家联盟使用武力。东道国愿意在安理会成员国、区域组织、主要财源和潜在出兵国/出警国之间选择提供政治支持，这样的选择会影响安理会对干预类型的决定。

2015年1月，联合国利比里亚特派团（UNMIL）获得风险外溢支付费用，以表彰其在埃博拉疫情危机期间的服务。个别联合国维和行动特派团，在埃博拉疫情肆虐的风险情况下开展维和行动，尽管其部队和警察派遣国没有施加任何限制和警告，但特派团的行为被认为是合理合法的。

维持和平特派团往往通过军事特遣队或组建的警察部队承担更多业务。在危机情况下，威胁和使用武力可以起到威慑作用，在一定程度上降低安全风险。在东道国能力有限的情况下部署的特别政治特派团，往往会雇用私营保安公司或联合国警卫队，以便创造一个更宽松的空间，使联合国维和行动能够顺利开展。①

联合国在索马里部署了警卫部队，为索马里的政治任务提供了保护。警卫队由联合国会员国派遣的武装军事人员组成，目的是保

① UN General Assembly, *Reports on the Department of Safety and Security and on the Use of Private Security*, UN Doc. A/67/624, December 7, 2012, p. 13.

护联合国的营地和人员。在缺乏使用警卫部队进行广泛政策指导的情况下，出现了关于指挥和控制效力的问题。因此，合法性问题导致许多出兵国不准备为这些职位提供人员。警卫部队的部署引起了广泛的争议，维和部队的安全需要警卫部队来解决，那么维持和平特派团是否适合部署？如果不适合部署，那么是否有适当的撤出战略？警卫部队是否是唯一的选择？是否会因此影响特派团的属性？

现有的安全规划是基于维和行动任务类型，即维持和平行动或特别政治任务，及其规模相关的通用模型。这种模型需要针对具体任务制定并交付费用。例如，基本安全环境评价要从多个区域基地、较长的供应线、广泛的社区互动、强调保护平民和普遍的安全环境；特定安全环境要从不对称威胁、对联合国的攻击、易于迅速威慑引起的特定需要来评价。良好的安全管理是有效执行任务的重要保障。

三、法律

（一）法律与国家责任

加强联合国与东道国之间在安全责任方面的共识，包括修订《维和部队地位协定》和《特派团地位协定》。安全问题应该尽早确定并与东道国进行讨论。成员国应修订《维和部队地位协定》，以纳入1994年《安全公约》、2005年《任择议定书》和实践发展等相关内容。这有助于更明确地阐明东道国和联合国的责任。澄清国际法对联合国维持和平人员和场所的法律保护，应包括审查《安全公约》《任择议定书》《罗马规约》和国际人道主义法的适用情况。

从法律上讲，东道国对联合国人员和房地的安全负有主要责任。这源于国家维护本国领土法律和秩序的内在职能，以及1946年《联合国特权和豁免公约》。[①] 这种责任也反映在1994年《安全公约》及其2005年《任择议定书》，以及联合国与东道国缔结的《安全公约》或《特派团地位协定》。

缔约国应遵守《安全公约》及其《任择议定书》，防止对联合国工作人员的攻击，确立此类攻击行为如为应受法律惩罚的罪行，应引渡或起诉应负责者。[②] 因许多联合国维和行动的国家不是缔约国，联合国便将公约的要件列入安理会议程，安理会可在要求重新审议时提出这一要求。[③]

尽管法律立场明确，但在实践中，联合国在确保其人员、财产和房地安全方面承担了大部分责任。部署维和行动往往因为东道国无法或不愿意维持安全而遭遇安全困境。因此，东道国事实上为联合国人员和房地提供安全保障的设想是不切实际的。这种义务的履行往往由于持续的冲突、能力限制、利益冲突、缺乏法律上的明确性而受到抑制。在某些情况下，东道国甚至没有为联合国人员提供安全保障的明确动机。因此，《卜拉希米安全与安保报告》让人们更加现实地理解东道国为联合国维和行动提供安全保障的能力。

信息共享是联合国与东道国之间构建安全关系的一个关键因素，但在联合国维和行动的背景下，信息共享也存在困难。[④] 例如，联合国威胁评估与东道国相反的情况下、东道国部队对平民构成威胁的情况下、联合国评估可能会使人处于危险的情况下，或者是政治

---

① UN, *Brahimi Safety and Security Report*, para. 261.

② DPKO/DFS, *Capstone Doctrine*, pp. 31 – 40.

③ UNMISS, "UNMISS Background", www. un. org/en/peacekeeping/missions/unmiss/background. shtml.

④ Sheeran, "UN Peacekeeping and the Model Status of Forces Agreement", paras. 158, p. 160.

敏感的情况下，都可造成信息不共享。① 鉴于东道国责任的重要性，履行责任在实际意义方面没有明确或详细的共同理解。②

从维和行动的角度来看，过分依赖东道国进行安全信息分享会影响特派团的公正性。根据联合国维持和平的原则，特派团在执行任务时必须而且秉持公正立场，并维持冲突主要当事方对其部署的同意。③ 例如，安全理事会决定重新配置南苏丹特派团，部分原因是在内战背景下支持东道国的挑战。④

显然需要修订联合国模式是法律安排的假定起点，并将大大促进情况的改善。对《维和部队地位协定》和《特派团地位协定》的内容和相关做法进行审查，以确定它们是否充分反映了东道国和联合国各自负责的关系，以及是否在实践中充分遵守了这些协定。

联合国维和人员的安全与安全保障必须采取双管齐下的办法。第一，必须侧重于澄清法律责任，将其转化为实际义务，并监督其执行情况。第二，职能需要在行动一级得到落实。在部署维和行动的环境中，东道国可能无法或不愿为联合国特派团提供安全，而且实际上，这样做可能不符合东道国特派团的利益。因此，安全部分的规划不应在此基础上进行。

---

① UN, *Secretary - General's Bulletin: Observance by United Nations Forces of International Humanitarian Law*, UN Doc. ST/SGB/1999/13, August 6, 1999.

② Kemp and Merkelbach, "Can you get sued?"; Bruderlein and Gassmann, "Managing Risks in Hazardous Missions", p. 78.

③ Scott Sheeran and Stephanie Case, "The Intervention Brigade: Legal Issues for the UN in the Democratic Republic of the Congo", New York: International Peace Institute, November 2014, www. ipinst. org/wp - content/uploads/publications/ipi_e_pub_legal_issues_drc_brigade. pdf.

④ UN, *Secretary - General's Bulletin on Observance by United Nations Forces of International Humanitarian Law*, Section 1. 1.

（二）联合国法规

工作人员及其家属以及组织财产的安全和保护的主要责任在于东道国政府，是每个政府维护法律和秩序以及保护其管辖范围内的人员和财产的正常和内在的职能。根据《联合国宪章》或政府与个别组织达成的协议，政府应当负有特殊责任。

联合国系统各组织关于劫持工作人员及其家属的政策是基于1979年《反对劫持人质国际公约》所反映的现有国际法准则。该公约特别规定，劫持人质是国际社会严重关切的罪行，任何犯有劫持人质罪行的人都应被起诉或引渡，各国应考虑到这些罪行的严重性质，对这些罪行给予适当的惩罚。

联合国关于劫持人质的政策还基于其主要机构为促进上述国际法准则而通过的有关决定，特别是安全理事会第579（1985）号决议。其中安理会明确谴责劫持人质行为，呼吁立即释放所有人质，无论他们在哪里被扣留，也无论他们是由谁扣留，并申明在其境内有人质的所有国家有义务紧急采取一切适当措施，确保人质安全获释，并防止此后发生劫持人质行为。

尽管有本程序的规定，但根据国际法，发生劫持人质事件的国家的政府，或在适用情况下犯罪者扣押人质的国家的政府，负有主要责任，应采取它认为适当的一切措施以缓解人质的处境，特别是确保他们获释，并在他们获释后酌情为他们的离开提供便利。

（三）外交豁免权

根据《联合国宪章》第105条，联合国有权享有实现其目的所必需的特权和豁免权。联合国大家庭中的其他组织及其工作人员根据各自的宪法文书享有类似的特权和豁免权。根据同样的规定，这些组织的官员享有独立行使职能所必需的特权和豁免权。此外，根据《联合国特权和豁免公约》，在缔约国和专门机构的领土内，组织工作人员应与其家属一起，在国际危机期间与外交使节享有同样的遣返设施。

如果逮捕或拘留联合国各组织工作人员的案件明显侵犯了有关工作人员的特权和豁免权，同时雇用组织未能履行其对该工作人员的义务，则联合国秘书长可要求在该国有方案的各组织负责人暂停所有业务（纯属人道主义性质的业务除外），并取消今后的任务，直到情况得到解决。秘书长应通过主管安全和安保事务的副秘书长，根据雇用组织的意见和有关国家指定官员的建议，决定是否援引关于豁免权的规定。

（四）受国际人道主义法保护

根据1999年秘书长关于联合国部队遵守国际人道主义法的公报，联合国维持和平人员应遵守国际人道主义法标准，包括使用武力方面。这些措施包括相称性、区别使用和军事必要性原则、关于被拘留者待遇问题、禁止以平民和民用设施为目标的禁令以及禁止使用某些武器和作战方法。

联合国维和人员受到国际人道主义法的保护。由于联合国军事人员通常不是《日内瓦四公约》及其附加议定书及惯常的内在法律所界定的“冲突各方”，因此，他们应被视为该群体受保护人员的“平民”部分，冲突各方禁止开展针对他们的敌对行动。然而，现实情况有一些例外。例如，联合国在刚果民主共和国和马里的一些维和行动中，无论是主动还是被动卷入冲突，都被视为冲突一方。在联刚稳定团，无论是联合国对刚果国家部队军事行动的支持，还是授权军事干预旅干预刚果民主共和国东部的武装组织，都意味着作为国家间人道主义法监护人的联合国军队失去了这种保护。无论是军事干预旅还是联刚稳定团正规特遣队，联合国的全部军事存在都有成为冲突一方的可能性。联合国在刚果民主共和国的任何军事存在都可能成为当地武装力量打击的目标，这可能加剧对联合国所在地区，包括平民的威胁。

联合国维和行动开展的前提和基础，就是不成为冲突的一方。但在武装冲突的情况下，他们作为战斗人员的参与，有时很难界定其中立的身份和地位，且身份模糊与积极介入冲突并不符合《联合国安全公约》和《任择议定书》。因此在实践中，联合国军队很有可能因此而失去国际人道主义法保护。

四、其他问题

与联合国维和行动相关的安全和安全保障挑战是现实的、结构性的和政治性的，有些甚至超出了恶意行为或其他危害的范围。计划和规定阶段的战略决策可能会产生长期影响。利益攸关方之间对于如何处理敏感问题，包括使用武力、技术、情报和私营保安公司意见不一，这必然意味着对维和行动中安全和安全保障问题的长期改革和改进。

（一）非对称威胁

威胁环境评估对联合国维和行动安全保障而言是非常重要的。21 世纪初期，美国战略界一直使用“非对称”（asymmetry）这个术语来描述美国所面临的威胁。① 一些西方学者将美国专用的概念引入联合国维和行动的语境中，对联合国维和行动安全环境做出评估。

维和行动中授权的一些任务活动对安全管理提出了特别的挑战，因为维和行动中授权的一些任务活动需要减轻安全风险，才能保障

① https：//www.globalsecurity.org/military/library/report/2003/ssi_blank.pdf.

这些活动得以顺利开展。这往往是民事工作人员之间争论的问题，他们认为没有采取足够的安全措施来保护他们，而另一些人则认为执行不必要的安全措施已经限制了他们的工作。从军事人员和警察的角度来看，出兵国/出警国往往不愿意开展此类活动，因为维和行动使他们的军警人员面临更高的风险。有效的安全管理应使行动能够正常进行而不是受到限制，并应促进特派团进入区域社区更好地开展维和任务。造成特定安全挑战的三个行动问题是：一是在不对称的威胁环境中行动；二是执行平民保护任务；三是确保医疗和对伤亡反应充分。

在利比亚、马里和叙利亚，维和行动实施环境面临不对称的威胁，但却不具备在类似情况下相匹配的行动能力范围。联合国维和人员一直是袭击者和不对称战术攻击的直接目标，包括使用爆炸装置。① 在联合国维和行动范围内解决这一威胁的努力仍处于初期阶段。2021 年 10 月 2 日，一名马里稳定特派团维持和平人员在基达尔地区泰萨利特遭遇简易爆炸装置袭击后死亡，另有四人受重伤。② 如果认为存在重大不对称威胁，那么就要在特遣队内部实施简易爆炸装置的强制专门知识培训。但解决简易爆炸装置问题的政策和指导方面仍存在差距，这意味着在确定所需能力方面，强制识别流程的效果较差。

美国在阿富汗和伊拉克开展军事行动，在准备和装备部队应对不对称威胁方面有十多年的经验，但它们没有被大量部署到联合国

① UN General Assembly, *Report of the Office of Internal Oversight Services: Evaluation of the Implementation and Results of Protection of Civilians Mandates in United Nations Peacekeeping Operations*, UN Doc. A/68/787, March 7, 2014, pp. 13 – 14.

② https://peacekeeping.un.org/en/press-release-peacekeeper-dies-tessalit-after-ied-explosion.

的维和行动中。① 参加非洲联盟索马里特派团的一些临时委员会也有处理非对称威胁的经验，但大多数联合国维和行动的主要出兵国/出警国在这种环境中的工作经验有限，这使其更容易受到非对称威胁。可以说，联合国系统需要提升各项能力，以便更好地应对不对称威胁。

（二）保护平民

保护平民是联合国安理会授权的任务，这一授权日益成为联合国维和行动的主要职能和任务。这一职能的履行有可能使联合国人员面临重大风险。1999 年，联合国塞拉利昂特派团（联塞特派团）第一个被授权“保护身体面临暴力威胁的平民”的维和行动。② 自那时起，大多数维持和平特派团都授权开展保护平民工作。目前，97% 的联合国维和人员在特派团中执行保护平民的任务，并已确定其为联合国驻刚果（金）特派团（联刚稳定团）、南苏丹特派团、马里特派团（马里稳定特派团）和中非共和国特派团（中非稳定团）的主要职能。

成功执行保护平民的任务，要求军事部门积极识别和处理针对平民的暴力威胁，并在暴力出现时迅速做出反应。在不同情况下，过度使用武力可能会刺激当地的对抗情绪。保护平民活动可能使军事人员处于高威胁状态，他们可能成为袭击的目标，加大了与武装组织直接冲突的可能。联合国民事人员也因参与保护活动，如就地收集信息、联合巡逻、提取和作证而面临更大的风险。

除了在具体行动中遇到的直接风险外，平民保护任务还以其他

---

① Lisa Sharland, “Counter – IED Technology in UN Peacekeeping”.

② Victoria Holt and Glynn Taylor with Max Kelly, “Protection of Civilians in the Context of UN Peacekeeping Operations: Successes, Setbacks and Remaining Challenges”, New York: UN, 2009, p. 3.

方式使联合国人员处于危险之中，即使没有表现出来，联合国人员也可能怀有高度不安全感，这会对特派团产生负面影响。在这方面，特派团的公共信息战略对于塑造公众舆论和管理预期因素特别重要。

平民保护这项任务还带有某些政治敏感性。特派团通常受命协助东道国政府部队履行其平民保护责任。如果政府军是冲突的一方，这可能会损害联合国维和人员的公正性，并使他们被视为战斗人员。它还可能对特派团与东道国政府的政治接触产生连锁反应。相反，联合国对平民的保护、防止东道国政府或政府支持的军队实施暴力，可能使东道国同意该特派团留在该国。

在许多维和行动中，平民聚集在联合国营地附近，希望通过近距离得到保护。在南苏丹危机期间，联南特派团将联合国大院敞开大门，为躲避袭击的平民提供保护。① 虽然特派团应采取拯救生命的必要行动，但这种行动伴随着深刻的安全风险。正如在斯雷布雷尼察（Srebrenica）“安全区”所经历的那样，将平民集中到后来无法得到适当保护的地区可能是灾难性的。② 保护地点不可避免地成为攻击目标，当它们位于联合国保护范围内时，它们使联合国人员面临更大的风险，并损害联合国的行动能力。如果联合国不能保护自己，那么它将无法帮助他人；而如果对平民的保护工作无能为力或无所作为，那么联合国维和行动存在的意义将受到严重质疑。而如南苏丹经验所示，平民有可能将冲突、犯罪和疾病带到难民营内，

① Somini Sengupta, “In South Sudan, Some Lessons of Rwanda Learned, Others Revisited”, The New York Times, January 16, 2014, available at www. nytimes. com/2014/01/17/world/africa/in – south – sudan – some – lessons – of – rwanda – learned – others – revisited. html. See also United Nations, Report of the Secretary – General on South Sudan, UN Doc. S/2014/158, March 6, 2014, p. 11.

② See UN General Assembly, *Report of the Secretary – General Pursuant to General Assembly Resolution 53/35 – The Fall of Srebrenica*, UN Doc. A/54/549, November 15, 1999.

所有这些都造成了额外的安全和安保问题。

成员国、出兵国/出警国以及军事和警察特遣队在承担保护平民的任务时，会面临着更高的风险，因此必须相应地为行动提供资源。特派团的军事行动概念和部队类型的产生需要新方案。主动、轻量级和移动式军事行动可能比重型、静态和反应性军事行动更成功。从平民保护的角度来看，需要从一开始就规划安全缓解措施，使民事人员能够在高威胁环境中开展活动，以支持平民保护行动。相关规划还需要在对保护地点分析评估的基础上进行。

分析评估工作并不代表安全理事会应停止授权维和行动保护平民。相反，应当大力倡导平民保护行动，因为这是联合国维和行动的关键议题和主要任务，也是联合国维和行动存在的核心要义。但应当重视改进方式方法，倡导运用政治、行动等综合手段，进行综合治理。联合国建设和平行动以及 2017 年以来推动的维和行动改革，都试图在此方面构建平衡。联合国需要平衡好保护问题与维和人员的安全问题，多方面解决联合国人员和资产的安全与安全保障问题，更好地了解与执行平民保护任务，如主动使用武力，联合军事人员、警察、民事人员巡逻，建立保护地点和通过防范有关风险的决议等。

（三）识别业务缺陷

良好的规划、充足的资源和称职的人员可以尽量减少与安全相关的操作缺陷。然而，基于现实中联合国人员的安全与安全保障存在着各种问题，需要迅速加以解决。和平行动部的职责，就是在特派团启动之前，以及任务或环境发生重大变化时进行战略评估，执行范围和目的各不相同的限制性技术评估。联合国安全与安全保障部每年对特派团进行安全援助访问，就是执行其主要职责，旨在确保为联合国特派团所有维和人员做出充分的安全和安保安排，并在发现缺乏安全和安保人员的情况下提供援助。联合国内部监督事务厅（监督厅）对联合国人员安全与安全保障的评估可以发挥关键作用，审查更广泛的安全和安保情况，包括军事人员、警察和民事人员的安全与安全保障情况，并提供客观的分析和建议。

在安全问题话语权上，联合国维和行动主要依赖管理结构和指挥链，且认为其对有效的安全和安保至关重要，但在特殊情况下，维和人员个人也可以直接向总部提出存在的安全问题，从而及时有效地应对安全缺陷。考虑到一般的联合国维和人员并没有话语权，可以通过将这种角色分配给联合国安全与安保部中的现有职能来解决。

（四）国家工作人员/当地招聘人员

联合国维和行动中包括根据各种合同雇用的民事人员。联合国维和行动对东道国当地民众实施招募，被称为国家工作人员或当地招聘人员，他们可能从事专业工作，或在国家范围内担任辅助性、文书或技术职务。① 他们的就业条件（福利和报酬）与国际工作人员不同，在政策上仍然存在一些关键性差异，他们由联合国服务社负责。例如，国际工作人员必须居住在营地内，但国家工作人员可以住在他们自己的社区内。其伤亡是否计入联合国工作人员范围内，是备受争议的安全相关问题。2010 年，联合国因将东道国的国家工作人员纳入海地地震后联合国人员伤亡数字而受到质疑，因为当地工作人员轮换幅度大，数量难以统计。

当联合国受到威胁或活动受到限制时，特派团往往依靠国家工作人员进行工作，因为他们在当地社区的成员身份，使他们拥有更

---

① DPKO, "Fatalities by Year and Appointment Type up to 31 May 2015", June 5, 2015, www. un. org/en/peacekeeping/fatalities/documents/stats_6. pdf.

大的行动自由。他们融入当地居民的能力可能意味着他们比许多联合国人员更安全；但同时他们与联合国的联系也可能使他们面临极大的风险。

虽然军事人员和警察在联合国维持和平行动中的死亡人数最多，但在过去十年中，国家工作人员的死亡人数明显高于国际工作人员。[①] 联合国工作人员联盟指出：2014 年，南苏丹是联合国工作人员被拘留或被绑架人数最多的国家。[②]

（五）安全事件后的人员问题

联合国不仅有责任管理在维和行动中服役的人员的安全，而且有责任对那些伤亡的工作人员的家属的安全负责。虽然建立联合国应急准备和支助小组的人员在处理安全事件方面改进了人力资源方面的行为，但仍有完善的空间。

当有人在联合国维和行动中被杀或受重伤时，需要采取一系列行政行动，主要包括以下七个方面：在现场收集有关该事件的信息并报告给总部；通知派遣国（军事人员或警察）或近亲（民事人员）伤亡的情况；如有必要，对此人实施遣返；在死亡的情况下发送慰问信；调查委员会进行调查；提供社会心理支持；开展死亡和残疾补偿。

（六）资源和能力

在业务层面仍然存在一些挑战。维和人员担心在任务的启动阶

---

① UN Department of Management/Office of Human Resources Management/Emergency Preparedness and Support Team, Handbook for Action in Cases of Death in Service, New York, 2011, https://hr.un.org/sites/hr.un.org/files/DeathinServiceGuide.pdf.

② UN, Brahimi Safety and Security Report, para. 133 (iii).

段，安全设备不足，缺乏专业知识，并呼吁更多地使用监控、运动传感器和全球定位系统等技术。即使在今天，特派团中可能也没有足够的基本设备，例如头盔、防弹衣、收音机、手电筒等，没有为工作人员完成特定任务或制订危机计划做好充分的培训。联合国安全与安保部目前正在努力加强其在房地和物理保护方面的专门知识能力，这可能导致评估需要更多的资源，如办公室配置、防爆材料等。改善联合国房地的安全不仅需要科学的专业知识，还需要了解对任务执行和当地居民的影响。例如，使用远离街道的房地和设施等，而不是简单地增加防爆屏障以及加强内部建筑等措施，既可以起到保护联合国房地的功能，又不会出现对抗性现象。

（七）任务和能力差距

联合国维和任务与实地提供的实际资源不匹配的困境由来已久，这也是造成安全和安保挑战的核心问题。维持和平人员正在更复杂和多样化的作业环境中部署，其现实挑战十分严峻。对维持和平人员的威胁继续演变、超越边界，因此需要更全面的解决办法。然而，维持和平人员往往没有必要的设备或经过专门培训，以执行安全理事会授权的任务。

通常情况下，维持和平特派团难以达到安全理事会授权的军事人员和警察的数量。联合国驻中非共和国和马里特派团的部署不到其授权兵力的85%；在南苏丹特派团重新配置和加强部队上限一年多后，尽管部队和警察人数相同，但它仍然没有达到该目标所需要的人员数量。

鉴于上述情况，安理会对随后的任务重新进行了授权。部署在这些环境中的维持和平特派团必须应对地理距离远、后勤补给困难、人员不足这些重大挑战。医疗、工程、后勤和航空单位等力量可以减轻部队人数有限的困境，但未能达到授权的人员水平会给已经部署的人员带来不必要的风险。

而且，更令人担忧的是，特派团没有部署执行任务所需的必要设备和关键推动者。装备方面的直接缺口包括攻击和通用直升机、固定翼运输机以及作战工程公司等，人手方面包括缺乏特种部队连队、警察部队等。缺乏人员会降低行动效率，影响安全保障，降低威慑效果。《联合国宪章》第 43 条要求成员国为安理会授权的部署提供军事人员，秘书长已多次呼吁安全理事会提供关键的军事资产，并具备在日益具有挑战性的环境中运作所需的能力。然而，这仍然是一个重大和持续的问题。

部署缓慢也使维持和平人员在开始执行任务时面临更大的风险。快速部署对于在安全局势进一步升级之前稳定局势至关重要。联合国安全管理系统（UNSMS）旨在促进这一进程。联合国和平行动部承认，对一个特派团的部署完成至少需要 6 个月的时间。

在任务启动阶段生成关键能力是不够的。执行任务的各单位间合作可能是解决这一问题的短期途径，但速度仍然不够，在装备和部队跨越国界转移方面将产生法律、政治方面的挑战。当实际任务难以匹配到相同的能力时，其应用也受到限制。

成员国还需要更好地了解维和特派团目前和未来的能力差距。2015 年，维和行动部建立了一支战略部队生成和能力规划单位，旨在向成员国提供关键任务执行人员。然而，许多成员国不愿意在部署任务开始之前、在没有确保提供关键生命维持能力前派出人员。为了解决其中一些关切，维和部和实地安保部承认，在某些情况下，在特派团初始阶段更加倚重出兵国/出警国的能力，而不是联合国的能力。

联合国做出了一些提高遵守执行标准的保证。维和行动特别委员会（C34）和安全理事会都强调，军事和警察特遣队必须带着足够的基本装备，并经过培训后才能抵达实地，这对一些出兵国/出警国来说一直是个问题。因为特遣队缺乏战备和部署前培训可能会影响特遣队的安全，甚至影响整个特派团的安全。①

（八）沟通和外联

与当地居民的互动是有效执行任务、收集信息和保持公众对特派团的积极认识，以及确保联合国维和行动安全的关键因素。然而，在高威胁环境中，它可能带来复杂的安全问题和更高的风险，特别是对平民而言。必须在确保联合国人员的安全和使他们能够与当地社区互动之间取得平衡。而找到这种平衡的方法就是进行系统评估。当然，这最终还要取决于安全团队的方法和联合国秘书长特别代表（SRSG）的决定。

虽然风险不可避免，但可以采取一些行动来缓解这种情况。在战略和业务层面真正理解和接受安全风险是一个良好的开端，切实的行动实现了风险管理，会使这种风险转化为适当的授权、资源和计划。维和行动如果出现问题，需通过风险管理手段，如风险防范设施、医疗、快速反应和提取能力以及疏散计划，使联合国做出强有力的反应。及时准确的情报至关重要，制定有效的通信战略在保障联合国人员安全方面可以发挥重要作用。此外，在联合国总部的支持下，赋予联合国秘书长特别代表（SRSG）权力，让他们准确判断实地的情况并采取相应的行动。

联合国维持和平人员需要与当地社区建立良好公共关系，以提高他们的态势感知意识。例如，通过主动提供巡逻和参与民间外联活动，使社区参与执行保护平民的任务。正如《卜拉希米安全与安

---

① Østensen, "UN Use of Private Military and Security Companies", p. 64; and see also, Rosalind Adams, "UN Embroiled in Private Security Controversy", Media Global News, August 17, 2012, www.globalpolicy.org/pmscs/51848 - un - embroiled - in - private - security - controversy.html.

保报告》（A/55/305 - S/2000/809）所指出的，“社区能够给联合国提供保护，通常是通过分享有关当地威胁的信息进行的”。①

确保有更多的女性维和人员到维持和平特派团的一线参加工作，也可以提升维和特派团的信誉、效力和安全性。女性维和人员在一线开展工作，实现与当地妇女近距离接触，一方面可以收集她们所认为的有关潜在安全威胁的信息，另一方面可以实现当地居民对安全保护的需求，从而确保维持和平特派团为应对影响其工作安全、多样化的潜在威胁做好充分准备。②

自联合国维和行动创立以来，部分维和行动取得成功，部分维和行动无功而返，因而对联合国维和行动能够取得什么成就应采取务实态度。当维持和平特派团部署时，安全局势不会立即出现好转，这可能导致当地居民的不满，与东道国政府产生对抗，并减少国际社会伙伴的支持。联合国维和部承认对军事部门开展平民保护的准则管理的重要性，向目标受众巩固关于特派团保护目标的信息。③公共关系战略应被视为改善当地居民支助的努力的组成部分，进而为联合国维和行动创造更有利的安全环境。这些倡议需要在包括特派团和国家小组在内的联合国各派驻地进行协调。

（九）私营保安公司和其他私营服务提供商

近年来，联合国对私营保安公司的使用有所增加。④ 这在一定

① https：//peacekeeping. un. org/sites/default/files/a_55_305_e_brahimi_report. pdf.

② *Convention on the Safety of United Nations and Associated Personnel*，1994，Articles 9，pp. 13 – 15.

③ Østensen，“UN Use of Private Military and Security Companies”，pp. 20 –22.

④ UNDSS，“Armed Private Security Companies”，in Security Policy Manual，ch. IV，sec. I，para 2.

程度是对联合国维和行动缺乏必要的军事保障，而同时维和行动环境更加复杂多变的回应。尽管大多数维和行动中的私人保安人员大多不配备武器，主要受雇于执行静态设施保护和守卫任务。但是，联合国人权理事会授权的使用雇佣兵工作组对联合国使用私营军事和安全公司表达了关切。①

《联合国安全政策手册》（United Nations Security Policy Manual）为联合国使用武装私营保安公司问题奠定了相对明确的基础。根据其规定，在履行其义务的基础上，在威胁条件达成并有充足计划保证的条件下，联合国可以使用私营公司提供武装安全服务。

虽然在使用私营保安公司方面存在着一些困难和问题，包括武力使用、人权和问责问题，以及涉及《维和部队地位协定》和《特派团地位协定》等问题，但它们的服务一般不涉及参与武装冲突，它们也可以成为国家派遣的军事人员或警察的替代方案，更适合执行一些特殊任务。然而，由于有些私营保安公司具有武装性质，对于在联合国维持和平中有效使用私营保安公司这个问题，确保透明度至关重要。

此外，由于联合国维和行动自身并没有武装力量，因此有些学者认为不仅可以通过雇用私营保安公司，而且可以通过雇用其他私营服务提供者来提高维和工作效率。当前，世界上许多公司可以提供紧急医疗服务。其他部队提供快速部署和紧急后勤支助，以协助前方作战基地的建设。因此，国际社会有一种声音主张采用联合国与私人组织合作的运行模式，但是这一点在实际操作过程中存在风

① José L. Gómez del Prado, "The Privatisation of War: 'Private Security Companies' on Contract with UN 'Humanitarian' and 'Peace Keeping' Operations", Centre for Research on Globalization, July 9, 2013, www.globalresearch.ca/the-privatisation-of-war-private-security-companies-on-contract-with-un-humanitarian-and-peace-keeping-operations/5342155.

险，其公正性、公平性尚不能得到很好保障。

五、管理与行动框架

联合国系统各组织在涉及安全的所有事务上采取的行动，特别是在制订、维持和执行针对具体国家的安全计划方面，必须充分协调，这一点表现了联合国系统的管理能力，也考验了维和行动框架的有效性。因此，为了确保这些安全安排的有效执行，《现场安全手册》① 中规定的政策和程序成为联合国系统各组织开展活动的标准。

在执行方面需要设定职能，秘书长任命一名负责安全和安保事务的副秘书长监督联合国安全管理系统，这位副秘书长代表秘书长采取行动，确保联合国系统对任何紧急情况做出一致的、及时的反应，并负责与安全问题有关的所有政策/程序事项。负责安全和安保事务的副秘书长代表秘书长就疏散和搬迁的各个方面做出决定。在做出决定时，负责安全和安保事务的副秘书长将在适当和时间允许的情况下，就任何国家开展业务将受到限制或中止活动决定影响咨询所有组织，或搬迁/撤离工作人员和/或其家属以及任何其他重大安全决定。

负责安全和安保事务的副秘书长拟订详细的建议，以确保整个联合国系统工作人员及其家属的安全与安全保障；与有关组织和办事处讨论当前和潜在的安全问题，负责协调、规划和执行机构间安全和安保方案，是机构间合作的总体协调中心。出于安全安排的目的，适用于：一是受雇于这些组织的所有人员及其家属；二是为联合国系统组织执行任务的顾问、官员或专家，包括临时工作人员；

---

① https：//www. unjiu. org/sites/www. unjiu. org/files/jiu _ document _ files/products/en/reports – notes/JIU%20Products/JIU_REP_2016_9_English. pdf.

三是获准在工作地点的联合国志愿人员及其家属；四是联合国研究员，或在该国学习的非居民研究员，或正在离开研究国的国民；五是与联合国系统签署安全事务合作谅解备忘录的国际和非政府组织工作人员。

国际招聘的工作人员及其家属的搬迁/疏散，首先通常是在该国境内或另一国的指定搬迁地点，这一情况经常发生在非洲维和任务区，特别是当大规模冲突、疫情发生时尤为明显。这一地区将由安全与安保部根据有关国家的指定官员的建议批准，并考虑到所有因素，如航空运输、酒店住宿、通信设施、工作人员资源等。如果从工作地点前往本国的旅行费用低于前往指定搬迁国的费用，在安全条件允许的情况下，批准直接前往本国。旅行应符合有关旅行住宿标准的规定。根据协定，搬迁国的指定官员在可能发生疏散情况时应尽早发出提醒，以便在当地为有关人员的接待和住宿做出安排。在搬迁、疏散到指定地区后，在30天内对被疏散的工作人员和符合条件的家属做出决定。

如果工作人员和家属撤至本国，符合条件的家属无需返回工作地点，其条件包括：工作人员抵达后预计将在工作地点停留至少3个月；雇用组织已提供相关的旅行授权。如果工作人员已迁至距离工作地点方便的地区，主管安全和安保事务副秘书长可作为例外情况，批准新任命或调往受影响工作地点的工作人员也前往距离工作地点方便的地区。如果出现未经主管安全和安保事务副秘书长明确授权，已搬迁/疏散的工作人员和/或家属决定返回工作地点的情况，将要求工作人员对返回工作地点的人员的费用予以核销，并可能受到纪律处分，其安保许可也将被取消。

指定搬迁国的指定官员将负责该地区被疏散的工作人员和/或家属；负责接待他们，协助他们找到住所，并负责支付任何应付给他们的生活津贴。指定官员还将为符合规定的人员提供一切可能的协助，并给予报销。指定搬迁国支付的所有款项应酌情向各组织/机构详细报告，以确定付款的数额和类型、收款人姓名、上级组织和所涉时间。各组织的工作人员及其符合条件的家属，如果按照秘书长的指示搬迁/疏散，将获得每日或每月津贴，将从所涉旅行结束之日开始支付。确定疏散津贴表的前提是，在一定时期内（通常最长为6个月），工作人员要么获准返回工作地点，要么被重新分配到另一地点（临时或长期），或者已经离职。

对于国家工作人员，指定官员可授权支付不超过30天的生活津贴，还可授权支付3个月的预付工资，必要时可授权支付工作人员及其家属的交通费用。

如果发生逮捕或拘留情况，且实施这一行为的是由一个或多个未经授权或身份不明的人，而不是由一个政府当局实施的，应立即遵循程序报告这一事件。为确保迅速报告所有逮捕和拘留事件，在没有指定官员的国家或在远离指定官员办公室的地区，适当的机构代表应遵循报告程序。

在每个国家，指定官员负责联合国系统的安全管理安排。指定官员将通过负责安全和安保事务的副秘书长直接向秘书长负责，以确保联合国系统工作人员及其家属和财产以及各组织的财产的安全与安全保障。指定官员将视情况与安全管理小组和联合国在该国组织的其他高级官员协商，就有关组织工作人员及其家属的安全和保护问题与东道国政府保持联络。

通过负责安全和安保事务的副秘书长，指定官员将负责以下多个方面的具体工作。

第一，确保遵守《现场安全手册》中详述的安排，制订和执行工作地点的安全计划，以维持联合国系统工作人员和行动的安全。该计划将包括查明和调查若干可行的选择，以便在必要时将联合国系统各组织雇用的所有工作人员及其家属安全迁往该国境内或指定的搬迁国。第二，向联合国安全与安保部推荐合适的提名，这些被任命者通常将是机构、方案或基金的负责人。第三，就该国可能影响联合国雇用的工作人员及其家属和财产或组织财产的安全和保护情况及其进展，由负责安全和安保事务的副秘书长向秘书长通报。如果业务事项影响安全或机构间安全问题，必须将这些问题传达给负责安全和安保事务的副秘书长。第四，东道国政府为保护联合国各组织雇用的工作人员，只要符合任职资格，执行秘书长都予以支持。第五，就有关这些人的安全和保护问题与东道国政府保持联络。第六，确保安全管理小组的正常运作，并明确在这方面承担特殊责任的工作人员。第七，确保有一个完全一体化的安全管理和业务通信系统。第八，与安全管理小组一起制定和执行该国所有联合国行动的最低业务安全标准，核实联合国系统各组织雇用的所有人员是否都适当配备了规定的所需安全和安保设备，并接受过使用培训。第九，与安全管理小组、地区协调员一起任命并核实安全管理小组是否对他们进行了充分的培训和装备，为其上级机构提供安全管理小组个人绩效评估。第十，使安全管理小组成员以及每个组织在工作地点的高级官员充分了解该国正在采取的所有与安全有关的信息和措施。第十一，建立情况介绍制度，确保向联合国系统各组织雇用的所有工作人员及其家属通报应就安全计划采取的具体预防措施，并确保所有此类工作人员都接受适当的安全培训。第十二，包括在工作地点的安全安排中，已签署谅解备忘录的政府间和非政府组织的工作人员。第十三，确保与根据既定准则作为联合国执行伙伴的非政府组织（IGO）在安全方面的合作。第十四，向联合国安全与安保部提交《现场安全手册》中概述的所有报告。第十五，联合国在国际招聘的工作人员撤离时，确保机构间商定的具体安排得到执行，而在东道国国内招聘的工作人员能够按要求在国内得到安置。第十六，在无法与秘书长沟通的紧急情况下，指定官员有权确定搬迁/疏散事项，并在之后立即通过联合国安全与安保部向秘书长报告。第十七，根据适当情况提供安全许可和跟踪来访工作人员的移动情况。

联合国系统对所有工作人员的安全负有总责任，在东道国每个组织的代表都在主管安全和安保事务副秘书长的总体指导下开展工作，其行政首长需要对秘书长负责，报告与工作地点工作人员安全有关的所有事项。参加联合国安全管理系统的各组织代表的主要职责包括以下方面：一是确立人员构成及其责任。确定安全管理小组成员，负责其组织在工作地点雇用的工作人员及其家属的安全与安全保障，并负责执行安全计划。二是确保安全。确保安全是实地工作所有方案的核心组成部分，为确保安全，应当根据需要提供适当资金。三是与指定官员充分协商。就维护安全计划和遵守《安全备忘录》（MOS）与指定官员充分协商，同时确保其工作人员完全遵守所有与安全有关的指示。四是培训。确保所有工作人员参加适当的安全培训。五是通信设备。确保工作人员符合《安全备忘录》（MOS）规定拥有充足的、可操作的通信设备。六是及时更新人员名单和行踪。确保定期向指定官员提供该机构雇用的所有工作人员的最新名单，同时，根据在工作地点规定的程序，确保指定官员随时了解该机构工作人员在该地区的下落和行动情况。七是程序合法合规。确保所有工作人员的行动能够按照联合国的规则和程序进行。八是构建伙伴关系。与联合国机构一起执行伙伴关系的非政府组织（IGO）的工作人员的安全也十分重要，确保对其做出相应安排。

指定官员将在与其他组织代表协商后组成一个安全管理小组，以确保在机构间以综合方式实施管理，并进行安全协调工作。团队构成包括：一是指定官员；二是根据适用情况指定的副官员：三是机构、方案和基金负责人；四是首席安全顾问；五是签署备忘录的非政府组织（IGO）代表；六是联合国安全与安保部向该地区派遣的任何特派团。根据具体情况，除安全管理小组外，还可包括组织或其他个人的其他代表，例如医疗官员①、压力顾问、具有法律背景的工作人员、新闻发言人、电信干事等。

在集中组织的大型工作点，指定官员和安全管理小组可向联合国安全与安保部提出建议，以调整安全管理小组的构成。指定官员还可以包括以观察员身份与联合国系统合作的其他组织的代表。安全管理小组成员负有个人和集体责任，支持指定官员履行与所有工作人员的安全与安全保障有关的任务。在秘书长通过主管安全和安保事务的副秘书长和指定官员在工作地点的领导下，安全管理小组负责：一是与指定官员密切合作；二是定期举行会议，审查当前局势，并确保在工作地点对安全实施有效管理；三是确保在联合国系统组织雇用的工作人员在场的每个地点维持和执行有效的安全计划；四是确保工作人员的名单是最新的；五是确保每个区域安全协调员和典狱长都经过培训并具备履行其职能的装备，并确保他充分理解和履行这些职责的全部范围；六是在工作地点设立监测点，监测其执行情况，并确保联合国系统组织雇用的所有工作人员遵守情况；七是确保有资源执行已批准的所有措施；八是为联合国系统雇用的所有安全官员的业绩评估提供意见。

所有安全管理团队必须定期开会。这些会议的频率将由工作地点的安保阶段决定。对于没有阶段生效的各工作地点，安全管理小组预计每季度开会一次；第一阶段的执勤点，安全管理小组应每月开会；对于第二、第三和第四阶段的各工作地点，会议将根据情况每周或根据需要举行。对于处于第五阶段的各工作地点以及安全管理小组位于工作地点外，将根据需要每天或更频繁地举行会议。在所有情况下，会议记录在48小时内提交给联合国安全与安保部和安

① 平民医生不是安全管理小组的成员。

全管理团队的所有成员。

首席安全顾问以及 D－1 级首席安全顾问或某些工作地点 P－4 级安全顾问，是国际范围内招募的安全专业人员，由联合国安全与安保部任命。首席安全顾问是工作地点的高级安全官员，直接对负责安全和安保事务的副秘书长负责，并被任命为指定的主要顾问。高级安全官员和安全管理小组处理与安全有关的所有事项。而指定官员负责首席安全顾问的日常管理，首席安全顾问将同时向指定官员和联合国安全与安保部报告实质性事项。

在较大的工作地点，首席安全顾问可得到国际资深的副安全顾问和现场安全协调干事的协助。他们在首席安全顾问的监督下工作，并对任务共同负责。一些首席安全顾问负责多个工作地点。他们确保在他们负责的每个国家能够实现下列职能：一是担任指定官员和安全管理小组的主要顾问，负责履行联合国系统组织雇用的工作人员及其家属和财产的安全与安全保障责任；二是准备各自工作地点的安全管理、危机准备的各个方面；三是在安全事务上与联合国所有其他办事处密切合作；四是为有单一机构安保人员的各工作地点设立和主持一个安全协调小组，以确保工作地点的所有安保人员能够共同努力，进一步开展机构间安全协调；五是编制、维持和更新联合国系统组织雇用的工作人员及其家属的国家特定安全计划、应急计划和安全清单；六是对联合国系统组织雇用的工作人员在场的所有地点进行风险/威胁评估；七是与各国执法机构建立良好联系，以便尽可能为联合国系统各组织雇用的工作人员及其财产提供最佳保护；八是确保所有安全和通信设备都处于良好修复中；九是确保联合国系统组织雇用的所有工作人员根据安全环境的变化而接受当地安全培训；十是确保向联合国系统各组织雇用的工作人员通报影响其安全与安全保障的事项，并做出适当安排，向新到任的联合国工作人员通报情况；十一是对联合国系统各组织雇用的工作人员保持详细的最新指示，说明他们在执行安全计划时应采取的预防措施，包括全面列出他们应提供的紧急用品，并指导他们在各种紧急情况下的行为，包括自然灾害和政治危机；十二是确保疏散到安全区域的计划是当前可行的；十三是报告联合国系统组织雇用的工作人员成为犯罪受害者的所有案件，并就此类案件提交报告；十四是对住宅区和房地进行安全调查；十五是确保在安全事项方面保持适当的保密水平；十六是担任国家一级安全管理小组的成员；十七是就符合《安全备忘录》（MOS）的业务安全要求向指定官员和安全管理小组提供咨询意见。

在没有专业首席安全顾问的各工作地点，指定官员应指定国家安全协调中心（CSFP）安全管理团队，以确保执行上述功能。

除非联合国安全与安保部批准的例外情况，否则该安全协调中心将由国际招聘的工作人员负责。在每个工作地点，将任命现场安全协调助理协助首席安全顾问。现场安全协调助理是经过审查的工作人员，在首席安全顾问的监督下工作。如果没有首席安全顾问，现场安全协调助理将协助国家安全协调中心，而国家安全协调中心所界定的责任不变。现场安全协调助理负责协助首席安全顾问和指定官员如下工作：一是与地方政府安全组织联络和协调；二是维持安全计划，包括更新工作人员名单；三是维持设备的最低操作安全标准；四是维护办公室安全；五是根据首席安全顾问或指定官员的要求完成计划。

单一机构安全官员是联合国单一机构雇用的安全专业人员，就该机构在工作地点的业务具体问题向各国代表提供咨询意见。所有安全官员，无论其供资机构如何，都将直接支持指定官员为联合国系统组织雇用的工作人员及其家属提供安全保障。单一机构安全官员在联合国整个安全框架内运作，直接与首席安全顾问协调，并通过其机构负责人与指定官员和安全管理小组进行协调。因此，他们对指定官员和安全与安保部以及其国家代表负责。单一机构安全官员除了负责其机构特定职责外，还负责以下工作：一是就代理国代表的安全责任向其提供咨询和协助；二是在被要求时，为区域安全协调员或指定官员提供咨询和协助，以履行其职责；三是作为首席安全官设立的安全小组的成员应作为顾问参加活动；四是确保工作人员在现有安全政策和程序内接受有关安全问题的培训和接收简报；五是确保始终遵守安全程序和政策；六是审查该机构所有国际工作人员的住宅安全措施；七是如果指定官员要求，将担任首席安全顾问；八是向指定官员报告所有安全事件。

一些工作地点，在首都以外有分办事处业务、项目或方案。在这些情况下，指定官员应与安全管理小组协商，任命一名地区安全协调员。地区安全协调员是指定官员和安全管理小组在较大国家地区任命的工作人员，由于这些地区处于距离首都较远的地方，因此需要协调和管理其安全事项。地区安全协调员由指定官员与安全管理小组协商选出，以书面形式任命。地区安全协调员对指定官员的安全相关职能负责，而不论其雇用机构如何。地区安全协调员的业绩应反映在个人的绩效评估中。执行地区安全协调员职责所需的值班时间将由雇用机构提供，由指定官员和安全管理小组在实地确定。

指定官员和安全管理小组有责任确保每个区域的安全协调员都经过培训并具备履行其职能的装备，并确保他们充分了解这些职责的全部范围。为了促进安全安排、信息和指示的协调，指定官员将与安全管理小组协商，任命一些国际和国内招募的工作人员担任安全官员和副安全官员，以确保在大城市的预定区域适当执行安全计划。

由于这是一项超出工作人员正常职责范围的额外责任，因此，所有现役人员及其副手每隔一个月应获得一次补偿性休息日，以履行这些额外职责。安全官员的业绩应反映在个人的绩效考核中。

任何工作地点的安全准备的主要管理工具都是安全计划。该计划的目的是概述个人的责任、要采取的行动，并在尽可能范围内遵循顺序，以确保联合国所有工作人员的安全。指定官员将与安全管理小组协商，制订和执行一项安全计划，使联合国系统各组织能够在工作地点安全运作，并应对任何紧急情况。在编制安全计划时，指定官员和安全管理小组将确保充分征求国家工作人员的意见，并参与其中涉及的所有方面。指定官员还将确保全面执行有关国家工作人员及其家属的安全与安全保障的措施。

安全计划必须被视为“活文件”，必须根据相关文件进行测试和审查。该计划一完成，必须送交负责安全和安保事务的副秘书长批准，副秘书长可提出修改建议，或予以批准。

虽然东道国政府负责为联合国办公地点提供充分保护，但指定官员和安全管理小组必须确保一个应急计划，以处理任何类型的突发情况。应急计划还必须为业务规划连续性和办公场所长期无法使用的可能性做出规定。

该国所有工作人员及其家属必须获得及时准确的信息。每个指定的官员和安全管理团队将保留以下列表：一是在工作地点的国际招聘工作人员及其家属名单；二是在工作地点的全国招聘工作人员及其家属名单；三是各工作地点每名工作人员有关情况的详细记录。

在没有阶段生效和发生阶段变化的情况下，必须每半年更新一次这些清单；第一、第二、第三阶段的各工作地点的名单应每 3 个月更新一次，第四、第五阶段各工作地点的名单应每周更新一次。每个组织在工作地点的代表负责随时向指定官员通报其组织的工作人员及其家属。在该国没有代表或办事处的组织的工作人员，个人负责向指定官员提供所需信息。

安全计划要考虑具体国家及相关工作地点的特殊政治、地理和其他情况。联合国采用世界范围的五阶段安全管理系统：第一阶段是预防阶段；第二阶段是限制行动阶段；第三阶段是搬迁阶段；第四阶段是紧急行动阶段；第五阶段是疏散阶段。

指定官员可自行决定在第一阶段和第二阶段执行措施，经与安全管理小组协商，并通过负责安全和安保事务的副秘书长通知秘书长。第三、第四和第五阶段只有在负责安全和安保事务的副秘书长获得授权后，指定官员才会宣布。如果通信可能即将中断，指定官员有权在执行第三至第五阶段时运用其最佳判断力，随后立即通过负责安全和安保事务的副秘书长向秘书长报告此类行动。

阶段可以按时间顺序执行，也可以按照情况规定执行，例如，在快速发展的情况下，第二阶段可称为命令的初始阶段。应当指出该国某一地区处于与该国其他地区不同的阶段时可能发生的情况。指定官员在与安全管理小组协商后，可就第一阶段和第二阶段合并。指定官员和安全管理小组必须定期审查该阶段的适当性，至少每3个月审查一次，以确保其适用性。如果第三至第四阶段得到执行，秘书长将根据负责安全和安保事务的副秘书长的建议做出决定，回到较低阶段。在第五阶段撤离之后，在决定回到较低阶段之前，负责安全和安保事务的副秘书长将部署一个安全评估团来报告情况。安全阶段的所有变化都需要审查和更新安全计划以及工作地点的工作人员名单。

指定官员和安全管理小组需掌握特定时间内工作地点的工作人员的情况，所有需要前往工作地点办公的工作人员均需获得指定官员的许可。前往第五阶段地区需要得到联合国安全与安保部的许可，并须在指定官员的建议下进行。在工作地点内旅行时也适用同样的要求。联合国系统每个组织都有责任确保向各自的工作人员通报情况并遵守安全检查程序。

第一阶段：预防阶段。

指定官员可向工作人员宣布进入第一阶段，提醒工作人员采取预防性措施，在此阶段，面对东道国的安全局势或部分安全局势，工作人员必须谨慎行事，他们应按照这一阶段的要求采取行动，并在随后阶段做好采取进一步行动的准备。

在通过负责安全和安保事务的副秘书长通知秘书长第一阶段的情况后，指定官员将召开安全管理小组紧急会议，采取下列行动：一是通知指定搬迁国的指定官员以及附近国家实施第一阶段；二是确保充分执行与国家招聘工作人员及其家属有关的措施；三是召开看守会议；四是审查和更新安全计划；五是检查和更新该国境内所有工作人员及其家属和地点的名单；六是确保向工作人员通报情况，并准备根据需要进入下一阶段；七是确定具体安全相关任务的工作人员；八是确保向区域协调员通报情况，并要求与指定官员保持定期联系；九是在下令搬迁/疏散时，与安全管理小组确定工作人员中任何可能需要注意的特定医疗条件；十是通知所有工作人员第一阶段的执行情况。

第二阶段：限制行动阶段。

指定官员可向工作人员宣布进入第二阶段，即限制行动阶段，以表明情况进一步恶化，需要采取比预防阶段的认识水平和准备水平更高的措施，并对工作人员的流动施加限制，除非另有指示，否则他们可能被指示留在家中。但是，第二阶段的实施应作为过渡措施。

在通过负责安全和安保事务的副秘书长通知秘书长，指定官员与安全管理小组协商后，将采取以下行动：一是通知搬迁国和附近国家的指定官员第二阶段已经实施；二是与安全管理小组协商，确定在第三阶段实施时哪些工作人员最为必要；三是确定留守和区域协调人员阶段性变化情况；四是视情况指示工作人员留在家中。

第三阶段：搬迁阶段。

秘书长授权宣布第三阶段，使指定官员和安全管理小组能够开始执行以下任何或全部行动：一是将所有国际招募的工作人员和/或其家属暂时集中在一个或多个集中点；二是将所有国际招聘的工作人员和/或其家属迁往国内其他地点；三是将国际招聘工作人员及其家属撤离国外。在该阶段，由指定官员和安全管理小组确定实现该阶段安全目的的基本工作人员。因安全局势恶化而无法有效执行其分配任务的工作人员会被视为非必要人员。在负责安全和安保事务的副秘书长批准的情况下，根据指定官员和安全管理小组的建议，国际招聘工作人员的家属可被视为必要人员，可获授权留在分阶段工作地点，但仅适用于家属，无例外情况；四是如果所有国家招聘工作人员希望利用这一选择，则临时集中和/或内部搬迁。

随着第三阶段的宣布，指定官员将采取以下所有强制性行动：一是将第三阶段的实施情况通知指定搬迁国以及附近国家的指定官员；二是通知地区协调员和看守员，就应采取的行动向所有工作人员及其家属发出指示；三是必要时向地区协调员和看守员介绍可能需要采取的进一步措施；四是审查在第三至第五阶段必须执行的安排，以支付国家招聘工作人员的薪金和津贴，以及其他必要的款项；五是根据商定的最低业务安全标准，审查在第四、第五阶段必须实施的其他安排，包括考虑到一些工作人员的离开而修改安全计划；六是通知该国其他地区未受宣布进入第三阶段影响的工作人员，通过地区安全协调员将这些事态发展通知未受宣布进入第三阶段影响的该国其他地区的工作人员；七是如果可能的话，完成检查表。工作人员撤离后的后续工作，涉及已经离开的工作人员。

第四阶段：紧急行动阶段。

秘书长授权宣布进入第四阶段后，指定官员就可以在与安全管理部门协商后，宣布进入第四阶段。

官员与安保管理小组协商，通过主管安全和安保事务的副秘书长向秘书长建议将更多的国际招聘工作人员疏散到国外。第四阶段的目的是将工作地点的国际工作人员人数限制在对紧急情况、人道主义救济、安全行动或秘书长认为必要的任何其他行动至关重要的事项上。此前参与维持方案活动的所有其他国际招聘工作人员都将在此时搬迁。

随着第四阶段的宣布，指定官员和安全管理小组将采取以下所有行动：一是将第四阶段的实施情况通知指定搬迁国的指定官员以及附近国家的指定官员；二是通知东道国政府和地方当局，并要求提供必要的援助；三是与国际和国内招募的监管员会面，指导他们采取行动，包括对监管员名单进行必要的调整；四是通过确保执行商定的《最低运作安保标准》，以及确定国家招聘的高级官员（SNRO），并要求每个组织指定自己的主管官员，尽可能准备实施行动的连续性计划；五是指示高级官员（SNRO）为指定官员和安全管理小组向高级官员和每个组织的主管官员的过渡做好准备；六是与剩余的国际和国内招聘的工作人员会面，告知目前的情况和正在采取的行动；七是指示所有获准在第三阶段留在工作地点的国际招聘工作人员的家属必须离开；八是酌情在国内重新安置本国招聘工作人员及其家属；九是如果可能的话，对已经离开的工作人员完成检查清单，做好工作人员疏散后的后续工作。

第五阶段：疏散阶段。

秘书长授权宣布进入第五阶段，意味着局势已经恶化，所有剩余的国际招聘工作人员都必须离开，没有例外。进入第五阶段通常由秘书长宣布，指定官员将采取以下所有行动：一是通知指定疏散国的指定官员，以及附近国家的指定官员，实施第五阶段。二是通知东道国政府和地方当局，并请求必要的援助。三是确保指定官员和安全管理小组适应新阶段的工作。四是在搬迁/疏散国设立一个办事处，指定官员和安保管理小组必须留在那里，继续支持国家协调员和国家安保管理小组。

为确保联合国行动连续性，当所有国际招聘工作人员都撤离后，在可行的情况下，与安全有关的联合国办事处继续运作的责任将从指定官员和安全管理小组移交给国家招聘的高级官员和联合国的代理官员。

必须不惜一切代价避免国家联络官及其同事暴露在风险中；在安全条件允许的情况下，国家联络官和主管官员的职责将包括：一是尽可能地维持各办公室的日常运作；二是与迁居国的指定官员和安全管理小组保持联系；三是与地方当局保持联系；四是尽可能确保所有联合国工作人员、其家属和财产以及各组织的财产的安全和人员福利。

在第五阶段的地点能否恢复联合国行动需要进行评估。在宣布进入第五阶段的地点恢复联合国行动之前，主管安全和安保事务的副秘书长将确定条件是否合适，并任命一个至少由两名专业安保人员组成的安保评估团。医疗、通信和排雷专家可由高级安保干事酌情纳入评估范围。其他工作人员的加入将需要安全与安保部的批准。他们将向安全与安保部提交一份报告，酌情提出建议。指定官员的意见应被纳入报告中，但是，在向秘书长提供报告并做出决定之前，报告应视为机密。通常情况下，秘书长将根据安全与安保部的建议，做出降低阶段等级和恢复行动的决定。

国际招聘工作人员住所的安全问题。各组织的工作人员及其家属和财产的安全保护的主要责任在于东道国政府。然而，由于经济困难或缺乏人力，或在法律和秩序部分完全崩溃导致犯罪活动增加时，东道国政府往往无法提供必要的保护。在这种情况下，可能有必要采取额外措施加强联合国工作人员及其家属在其居住地的安全和安保。这些措施被称为运行“最低住所安全标准”（MORSS），包括诸如保安人员、警报系统、门窗栅栏、锁、安全屋或其他保护装置。只有在特殊情况下，如在指定官员确认安全状况确实严重的情况下，并在安全与安保部对指定官员提交的材料进行评估后，才会批准此类措施。这一安排要求上级联合国组织承担可能被确定为适合有关工作地点的最低住所安全标准的全部费用。

工作地点需达到最低住所安全标准。在这方面，指定官员应与安全管理小组协商，为工作地点制定最低业务安全标准。这些最低业务安全标准不应与工作地点的安全阶段挂钩，而应与工作地点的法律和秩序状况挂钩。

为确保在所有工作地点采用同样的标准方法，指定官员在为某一工作地点制定机动安保措施时应遵循以下程序：

第一，应由安全管理小组通过对工作地点进行威胁和风险评估来确定列入最低住所安全标准的内容，包括工作人员部署和居住的所有地点。指定官员在进行威胁评估时还应考虑性别问题。工作地点的最低住所安全标准应当为工作地点的单身女性工作人员制定具体标准，还应当考虑到家庭、单身工作人员和邻里的安全环境。

第二，指定官员和安全管理小组应确定针对具体国家的财务上限，并建议安全与安保部批准。这一上限应基于对工作地点的仔细市场研究，以确定安全管理小组纳入最低住所安全标准的每项措施的最佳价格。一次性安装费用和经常性费用应分别确定。在确定工作地点的上限时，安全管理小组应根据秘书长的改革议程，寻找最佳的服务提供商。

第三，在收到每个工作地点的最低住所安全标准，包括建议的财务上限后，安全与安保部将与有关机构的安全协调人合作，审查和评估最低住所安全标准和财务上限。

第四，国际招聘的工作人员的住所至少应该有实心的外门，这些门应该配备锁，并在住所的入口处提供外部照明。除此之外，每个工作地点的最低住所安全标准都应由安全管理小组根据其威胁/风险评估来确定。

第五，一旦工作地点的最低住所安全标准得到安全与安保部的批准，其构成和财务上限将是住宅安保的既定标准，并接受合规检查。

各机构负责人必须确保向新到任的国际招聘人员提供针对具体国家的安全介绍，包括以下内容：有关国家/地区特定安全计划的细节；有关工作地点安全的所有标准作业程序；适合工作地点现行阶段的培训和指示，至少包括个人安全、人质生存、办公室/住宅安全、通信设备使用和基本急救方面的培训；已批准的工作地点的最低住所安全标准，应在其住所采取的具体措施的说明，以及住宅安全措施的财务条款。此外，工作人员必须被告知其执行最低住所安全标准措施的个人责任，包括违约或欺诈的后果。工作人员必须保留账单和警卫合同的副本，以便按要求提供给他们的机构。每个工作地点的最低住所安全标准是最低限度的措施，工作人员将负责补充这些措施以适应自己的情况。

如果住处已经有了这些措施，工作人员就没有资格获得安装费用的一次性付款。作为一次性付款的替代办法，指定官员和安保管理小组不妨考虑的另一个办法是通过谈判签订共同事务安保合同，涵盖所有联合国办事处和工作人员住所。这在一些工作地点已经有了成功经验，并且符合联合国秘书长关于通过分享服务进行改革的议程。在这些条件下，联合国的共同合同可以获得规模经济、共同业绩标准和优质服务等好处。如果安全管理小组决定采用这一方案，它应在提交给安全与安保部审查和批准的最低住所安全标准中说明这一点。

为确保标准得到维持，应遵循以下审查程序：

第一，在工作地点，首席安全顾问（CSA），或在没有安全专业人员的情况下，国家安全协调人（CSFP）必须向新工作人员进行安全情况介绍，并就工作人员居住的地点是否合适提出建议。

第二，一旦新来的工作人员确定了住所，在承诺或签署租赁协议之前，在可行的情况下，首席安全顾问、国家安全联络员或工作地点的机构安全联络员应该对其住所进行安全检查，并就房产和/或其位置的适宜性向工作人员提出建议。

《驻地最低运作安保标准》仅代表确保最低限度保护所需的最基本的安保措施。工作人员的个人责任是：

一是执行住宅安全措施；二是审查他自己的情况，并根据需要补充最低住所安全标准（MORSS）以适应他的特殊情况；三是确保正确使用交给他的住宅安全资金；四是审慎判断，确保正确维护住宅，包括在住宅内安装的任何安全措施；五是向其所在机构负责人返还一份签好名的最低住所安全标准副本，并声明最低住所安全标准措施已得到执行。

应定期告知新分配到工作地点的工作人员，安全是选择居住地的最重要标准之一，应鼓励他们寻找在紧急情况下能提供必要安全和交通保障的住所。负责为租房补贴计划证明住所“合理性”的工作人员应将此视为一个最重要的因素。此外，还应强调充分的通讯（电话）和住宅保护的重要性。如果有工作员不遵守所提供的上述建议，应立即提请机构总部注意。

六、联合国维和行动安全机制

安全与安保部的具体职责将包括但不限于以下几个方面：一是继续评估联合国系统和全球业务工作人员暴露或易受安全问题影响的程度；二是审查为每个国家联合国系统工作人员制订的安全计划，并确保每个工作地点在安全应急规划方面处于充分准备状态；三是审查和批准各工作地点制定的所有最低业务安全标准；四是对所有工作地点执行遵守情况和问责任务，以确保负责安全的官员按照联合国政策执行和管理安全；五是确保指定官员在被派到工作地点之前接受安全简报和培训；六是向指定官员、安全管理小组成员和首席安全顾问提供安全和危机管理培训；七是为指定官员和其他负责安全的人员编写说明和信息；八是选择和管理首席安全顾问；九是与联合国组织有关官员协商，评估指定官员、安全管理小组成员和首席安全顾问，并确保他们在安全职能方面的表现反映在其年度业绩评估中；十是协调和管理全系统联合国安全和压力管理培训方案，并为联合国系统工作人员及其家属提供安全意识培训，以确保维持高标准；十一是在重大事件中提供压力辅导员；十二是准备和分发安全更新，包括每月旅行咨询；十三是管理影响联合国系统人员的所有人质事件；十四是针对恶意行为的保险单需得到妥善管理；十五是酌情审查和批准所有要求按照最低经营性驻扎安全标准进行补偿的请求；十六是根据需要对工作人员或其他重大事件中的死亡情况进行调查。

必须指出，由于联合国系统工作人员及其家属的安全是首要关切事项，因此，根据行政首长会议协议，负责安全和安保事务的副秘书长代表秘书长做出的决定对所有组织及其工作人员都是强制性的。

这些安排所覆盖的联合国每个组织的行政首长将支持主管安全和安保事务的副秘书长履行职责，并将任命一名高级安全经理，负责监督该组织的安全职能，以确保协调和联络的连续性。负责安全和安保事务的副秘书长有责任随时向每个组织的高级安全经理和/或总部安全协调中心通报就影响联合国系统工作人员和本组织资产的所有安全事项做出的决定。联合国机构、方案和基金的执行首长对秘书长负责。行政首长必须承担以下职责：一是承担工作人员及其家属的安全与安全保障责任；二是确保联合国安全管理系统做出的规定得到执行；三是负责资源分配和确定安全事项的优先权；四是有义务在所有现有论坛上进行宣传，以确保会员国为联合国系统组织雇用的所有工作人员提供安全保障，并且不会容忍这些工作人员犯罪，并将肇事者绳之以法；五是支持联合国安全管理系统；六是集体有责任共同努力执行联合国安全管理制度，并支持秘书长确保执行大会赋予他的立法授权；七是承担“照顾义务”，以确保联合国系统组织雇用的工作人员避免面临不必要的风险；八是与负责安全和安保事务的副秘书长密切联络，以确保在全系统范围内采取一致的安全办法；九是提供居住在未指派工作人员的国家的所有工作人员名单。

高级安全经理或总部安全协调中心将对其行政主管负责，并承担以下责任：一是就安全事项向行政首长提供咨询意见，并随时向行政首长通报安全管理问题的最新情况；二是确保该机构的国家代表充分参与安全管理团队；三是与联合国安全与安保部及联合国系统其他成员密切合作，支持负责安全和安保事务的副秘书长履行其职责；四是向现场代表提供协助，以执行最低标准适用操作安全标准（MOSS）；五是协助/支持调动资源，协助外地办事处执行安全要求；六是作为机构间安全管理网络的成员；七是确保为联合国系统组织雇用的所有人员提供安全简报和培训；八是传播有关安全问题的信息和教育；九是确保遵守有关安全许可的政策和程序；十是确保在其组织内任命单一机构安全干事，根据商定的机构间标准进行招聘，并努力支持联合国安全管理系统。

行政首长正式确定的整个联合国系统的安全管理，具体如下：一是全面审查与整个联合国安全管理系统有关的政策和资源相关问题应成为高级管理委员会议程上的一项常设项目，负责安全和安保事务的副秘书长或其指定代表应参加此类讨论；二是高级别管理委员会将得到机构间安全管理网络（IASMN）的支持，该网络由监督其机构内安全职能的高级管理人员组成；三是机构间安全管理网络将由负责安全和安保事务的副秘书长主持，每年至少开会一次，审查联合国安全管理系统所有现有和拟议的政策、程序和做法，并就这些问题向高级管理委员会提出建议；四是在年度会议之间，负责安全和安保事务的副秘书长可在有关组织之间召开工作组会议，讨论具体的安全问题，各工作组的报告将提供给机构间安全管理网络审查和核准；五是机构间安全管理网将监测联合国系统所有行为者执行联合国安全管理政策、做法和程序，并就这些政策向高级管理委员会报告和提出建议；六是高级管理委员会将审查机构间安全管理网络提出的建议，并决定是否采纳这些建议或向联合国系统首席行政首长协调委员会建议如何执行这些建议。

第五章　联合国维和任务区安全威胁

一、任务区主要安全威胁

（一）地雷

2014 年，联合国马里多层面综合稳定特派团（马里稳定特派团）发现的简易爆炸装置占全部爆炸装置的 11%，而 2020 年这一比例则上升到 50%。简易爆炸装置造成的死亡人数也相应上升。参与联合国排雷行动的四分之三的国家和地区已制定了自己的国家标准，以确保行动质量及排雷人员的安全。

虽然排雷行动取得了进展，但挑战依然存在：冲突变得更加城市化、武装组织规模正在扩散、简易爆炸装置的使用不断增加……所有这些因素使减轻和应对威胁的努力复杂化。2020 年以来，由于新冠肺炎疫情导致的准入和行动障碍加剧了这种威胁。①

第一，爆炸性弹药的威胁不断危及特派团中服役人员和受其保护人民的生命。因此，会员国需要确保所有和平行动都有能力在高度爆炸性威胁环境，特别是在简易爆炸装置的环境中开展行动。维和行动人员必须具备安全执行任务所需的知识和设备。

使用简易爆炸装置对非索特派团和联合国驻马里维和行动人员构

---

① https：//www. un. org/press/en/2021/sgsm20676. doc. htm.

成巨大威胁。爆炸装置的使用及其不断发展的趋势要求联合国维和行动不断更新态势感知能力，并调整维和人员部署前和任务内的培训。

第二，排雷行动在推动解决冲突方面发挥重要作用。排雷行动是实现和平与稳定的重要的第一步。排雷人员往往是停火后第一个进入城市和村庄的人，他们清理学校和医院，或允许对水或卫生基础设施进行重大维修。

排雷行动使难民和境内流离失所者能够安全和自愿返回。排雷行动还可以支持政治和平进程。在达尔富尔、利比亚、哥伦比亚，排雷行动帮助前战斗人员重返社会，为平民生活提供了保障。

第三，国际社会需要加强政治意愿，积极合作，以防止和应对爆炸性弹药的威胁。《禁雷公约》有 160 多个缔约国。排雷行动意味着努力从源头上结束威胁，意味着清理受污染的土地，以拯救生命，促进生产生活的恢复。

2021 年 9 月，联黎部队东区在其位于黎巴嫩东南部马尔贾尤恩的基地，为黎巴嫩武装部队和联黎部队人员举办了两次关于识别和探测地雷等爆炸物的培训班。来自西班牙、印度、印度尼西亚和尼泊尔的联黎部队维和人员参加了这次培训，培训由爆炸物处理小组的专门人员组织，联黎部队的西班牙特遣队员担任维和人员的教官。该培训班包括理论和实践课程，旨在分享知识和技能，以提高培训者在排雷行动中的能力。

排雷行动是冲突后稳定、建设和平和发展的关键推动者。通过有针对性的措施——从招聘女性技术专家到培训当地女性排雷员和风险教育工作者——联合国妇女事务协调会积极行动。在《联合国地雷行动方案性别准则》（2019 年）的领导下，联合国军地调查团致力于将妇女和女孩、男子和男孩的不同需求结合起来。①

---

① https：//peacekeeping. un. org/en/mine – action.

（二）袭击

2018 年 9 月，一名在联合国南苏丹特派团服役的尼泊尔维持和平人员在耶伊镇乘坐车队出行时被一名苏丹人民解放军士兵开枪打伤。受伤的维持和平人员被疏散到联合国基地，然后被空运到朱巴接受进一步治疗。这种情况证明，南苏丹武装部队缺乏指挥和控制。①

城市中的维和人员面临着特殊的挑战，因为城市人口稠密且异质性强，包含多种地形和流动性大的特征，并拥有具有政治、经济和战略价值的关键资产。针对城市中的维和人员的袭击是一个反复出现的问题。

据联合国工作人员联盟国际公务员制度安全和独立常设委员会报告，2019 年至少有 28 人（23 名维和人员和 5 名平民）在执勤时遭蓄意袭击而丧生。过去十年中因简易爆炸装置、火箭和火炮、迫击炮弹、地雷、手榴弹、自杀式袭击、定点暗杀和武装伏击等蓄意袭击而丧生的联合国有关人员至少有 424 名。②

二、健康、人员安全、环境安全问题处置

（一）安全保障

联合国各组织在可能和可行的范围内，为属于下列类别之一的人提供安全援助：一是经正式邀请参加联合国组织主办会议的人员；二是与联合国组织合作的其他东道国的国民；三是家庭工作人员；

① https：//peacekeeping. un. org/en/unmiss – condemns – attack – peacekeeping – convoy – south – sudan.

② https：//www. un. org/press/en/2020/org1707. doc. htm.

四是东道国的非国民，工作人员的国内雇员，或私下探访工作人员的人。

然而，在一些紧急情况下，特别是在可能发生内乱的情况下，安全和保护因素将是不确定的。在这种情况下，联合国组织必须根据秘书长的指示，采取必要行动，保护其工作人员及其家属的安全。

联合国各组织将在必要时通过做出适当的支助安排，督促东道国政府履行其义务。秘书长以联合国各组织首席行政官的身份，根据他对特定情况的分析，确定所需支助安排的性质和程度并将确保采取必要措施，保障所有工作人员和财产的安全。

各组织活动的性质要求联合国工作人员经常进行公务旅行。这些工作人员会受到他们正在访问或计划访问国家的局势的影响。因此，有必要采取一些预防措施，确保将这种活动的风险降低到最低限度。

第一，所有属于联合国安全范围的人员在前往一个国家或在一个处于安全阶段的国家内进行任何访问之前，必须进行适当的安全审查。所有安全审查请求必须提交给有关指定官员，该官员将直接答复提出请求的组织，或酌情将请求转给安全与安保部决定。

第二，各组织应确保工作人员熟悉他们打算访问的地区的现有或潜在安全问题，并在旅行前获得必要的安全许可。

第三，工作人员到达后必须立即与指定官员联系，要求介绍安全情况，并获得有关其人身安全的任何信息。工作人员还必须随时向指定官员通报他们在该国的行踪。

可能会出现这样的情况：个别工作人员（国际招聘或国内招聘）或符合条件的家庭成员因其国籍、民族、宗教或因其受雇于联合国组织而受到威胁。此外，在紧急情况下，工作人员可能因其居住地点而受到威胁。在这种情况下，指定官员可请求主管安全和安保事务的副秘书长授权将工作人员临时迁至工作地点外的另一地点。在极端紧急的情况下，或在指定官员无法与总部联系的情况下，可授权在工作地点内部或外部迁移，并事后通知主管安全和安保事务的副秘书长。

国际工作人员因在紧急情况或灾难中服务而造成个人物品损失或损坏的，将根据各组织的有关行政政策进行赔偿。在困难的情况下，或在赔偿要求最后解决之前，可适当预支。主管安全和安保事务副秘书长应负责在发生劫持人质事件时做出政策决定，并确保各组织对任何人质事件做出协调一致的反应。

如果各组织的工作人员或其在册家属被劫持为人质，指定官员有责任代表本组织采取一切必要行动，确保人质迅速安全获释。这些行动应由指定官员与被劫持的工作人员所在的组织及安全与安保部协商后采取。如果所涉及的问题非常敏感，会对其他工作人员造成损害，或对该特定工作地点以外的联合国行动产生影响，指定官员在未征得主管安全和安保事务副秘书长同意的情况下，不应着手做出可能对本组织及其工作人员产生重大影响的任何决定。

如果有证据表明任何联合国工作人员或家属被劫持为人质，指定官员应立即采取以下行动：一是向安全与安保部报告该事件；二是与东道国的外交部联系；三是通知工作地点的安全管理小组的所有成员；四是审查现行的安全安排，以确定是否应加强这些安排；五是报告要求。

鉴于劫持人质事件的敏感性，指定官员将是所有事件在国家一级的唯一协调人。指定官员应向主管安全和安保事务副秘书长提供所有信息，包括：一是被劫持人质的姓名和国籍，他/她在该组织的就业状况和官方职能；对于符合条件的家属，必须提供其家庭关系，如果是儿童，应提供其年龄。二是劫持人质的时间、地点和其他情况。三是人质的身体状况。四是劫持人质的个人和/或组织的身份。五是劫持人质者提出的要求。六是东道国政府采取行动的机构的名称，并说明东道国政府考虑采取何种行动。如果上面提到的一些信息没有立即掌握，那么一旦有了这些信息，就应立即通报；此外与事件有关的其他信息也应尽快通报。在发生人质事件时，指定官员应在安全管理小组的协助下，立即审查现行安全安排，以确定是否应加强这些安排。

指定官员应指导安全管理小组如何处理人质事件。如有理由相信人质家人的安全受到威胁，应该重新安置他们。由于过早或错误地披露与人质事件有关的信息会危及人质的生命，给人质家属造成严重的精神痛苦，并对联合国的活动产生负面影响，有关劫持人质的信息将由指定官员和/或其指定代表在与安全与安保部协商后披露。

鉴于主管安全和安保事务的副秘书长的特殊职责，在向媒体发布有关人质事件的任何信息之前，应得到其批准。考虑到与人质事件有关的信息的敏感性，应指示工作人员不要向本组织以外的任何人披露与该事件有关的信息。应要求工作人员确保其家庭成员了解有关信息披露的限制，并鼓励他们遵守这些限制。

（二）确保健康

由于维和行动的复杂性，许多维和任务可能遇到与作战部署不同的情况。维和任务中的军事人员可能会遇到许多压力和潜在的创伤事件（PTE），例如在动荡的环境中提供人道主义援助、遭受敌对火力、目睹对平民的暴行和处理尸体等。

（三）人身安全保护措施

联合国工作人员、符合资格的家属及其财产受到犯罪和暴力影响的所有事件都应立即直接或通过有关组织的高级官员向指定官员报告。指定官员办公室除了向当局报告这些事件外，还将这些事件记录在《季度事件报告》中。所有严重案件，特别是涉及身体暴力的案件，应立即报告给主管安全和安保事务的副秘书长。应按照安全与安保部提供的格式，每季度提交所有事件的统计数据。这些统计数据是国际公务员制度委员会（ICSC）根据生活和工作条件对工作地点进行分类时考虑的因素之一。

如果工作人员、其家属在可疑情况下死亡，指定官员应立即启动相应行动，并通知联合国安全与安保部，该部门将决定是否需要启用外部专家进行调查。

如果联合国各组织的工作人员或其在册家属被劫为人质，各组织应尽一切努力使其迅速安全获释。为实现这一目标，各组织可与劫持人质者建立联系或开始对话。这种接触或对话的目的应该是试图使劫持人质者相信他们的行动是不人道的、非法的和徒劳的。鉴于解决此类案件的政治及长期影响，所有事项将由主管安全和安保事务副秘书长直接负责。

联合国组织既不支付赎金，也不向劫持人质者做出任何实质性让步以确保人质获释，也不干预有关会员国做出让步以交换人质，否则这将鼓励潜在的劫持人质者，从而增加其他工作人员今后可能面临的危险。

三、标准作业程序

（一）联合国军事人员

联合国军事人员受特派团团长的专属管辖。由于军事人员的家属没有获得联合国的正式雇佣关系，联合国组织对他们没有直接责任，他们将不被列入安全安排。

特派团团长在被任命为指定官员时，通过联合国副秘书长（USG）、联合国安全与安保部负责秘书长对联合国系统组织雇用的所有人员及其在各地或指定地区的安全负责。特派团团长还将确保实现联合国安全管理系统的目标，组建一个安全管理小组，并任命副秘书长特别代表为副指定官员，由他负责联络分散在全国各地的机构、基金会等工作人员及其家属。

（二）联合国警察

联合国警察受特派团团长的专属管辖。联合国警察的家属将不列入安全安排，因为他们没有获得联合国的正式雇佣关系，联合国组织对他们没有直接责任。

联合国工作人员私人使用枪支应符合东道国的法律。但是，私人拥有的枪支不得带入联合国飞机、车辆或进入联合国办公室或在执行公务期间使用。在那些允许公民个人携带枪支的国家，指定官员可授权各机构设立警卫和建造有安全保护的武器柜，在工作时间内保证私人武器的安全。

（三）联合国民事人员

目前约有 1.4 万人在世界各地的联合国维持和平行动中服役。① 随着维持和平行动的日益多样化，对专门民事岗位的技能需求也日益迫切。民事工作人员可执行维持和平行动的许多授权任务：促进和保护人权、帮助加强法治、促进政治与和解进程、提高防雷意识，以及担任新闻干事等。

民事人员在金融、后勤、通信技术、人力资源和一般行政领域也担任着许多支助职务，还可担任联合国志愿人员、顾问或承包商，帮助特派团促进和平与安全。

① https：//peacekeeping. un. org/en/civilians.

四、安全保障的技术问题

（一）移动电话

如果有证据表明联合国系统的任何工作人员，无论是国际还是国内招聘的，或联合国的其他合作方，或工作人员的亲属被一国政府当局逮捕或拘留，指定官员应立即以最快的通讯手段，如电子邮件、电报、传真、无线电或电话，向主管安全和安保事务的副秘书长报告。

例如：发生逮捕或拘留事件所在地的指定官员应以最快速度立即与有关政府的外交部联系并要求开展以下工作：一是关于逮捕或拘留的所有相关信息；二是请该国政府给予合作，紧急安排联合国代表在其选择的医生陪同下接触被逮捕或被拘留的人。

同时，向总部提交的报告应传递所有已掌握信息，包括：一是被捕或被拘留者的姓名和国籍，他在联合国的就业情况和公务情况；对于家庭成员，必须提供家庭关系，如果是儿童，应提供其年龄。二是逮捕或拘留的时间、地点和其他情况。三是用于描述逮捕或拘留情况的当地法律表述或术语。四是逮捕或拘留的法律依据，包括对有关人员的任何指控。五是采取该措施所依据的政府机构，如法院或行政机关的名称。六是联合国代表是否已经或将要被允许接触被逮捕或被拘留的人。如果是的话，也应转达相关人员的请求或反应。七是是否已经或将要向被逮捕或拘留的人提供领事保护和/或法律顾问。如果是的话，应提供这些服务的信息。

如果不能立即获得上述某些项目的信息，应尽快在一份或多份补充报告中通报所缺项目。与案件有关的其他信息也应尽快报告。这样可以保证集中提供关于每个被逮捕或被拘留或失踪或被杀害的工作人员或其家属的准确和最新的资料。除非事先得到联合国总部的批准，否则不得向新闻媒体发表有关该事件的声明。

（二）通信卫星

通信是行动及保障工作人员安全的一个关键因素，这对行动的整体成功也至关重要。因此，有效的沟通必须成为安全计划的一个组成部分。通信能力必须足以满足当地、国内、区域、国际需求以及最重要的紧急需求。

任何操作中紧急通信的首要标准是，所有工作人员都有能力在需要时每天 24 小时获得帮助。与东道国政府达成协议，确保不间断地接入当地通信网络，并为使用卫星电话和无线电频率提供必要的许可证。与东道国的协定中必须规定所有联合国办事处和工作人员在业务范围内，使用一系列适合维持无线通信的频率，包括语音和数据。如果东道国政府遇到困难，或当地条件使某些通信设备的使用不切实际，指定官员将尽可能执行最低业务安全标准的电信标准，以保障工作人员的安全。

由于通信类型多样，组织之间的协调对于确保沟通实现和保持连通性至关重要。联合国指定官员将指派一个牵头组织，协调在工作地点的组织之间的安全/紧急通信。此外，指定官员将任命一名电信协调干事，他可以是安全管理小组的成员，以确保遵守和协调所有通信要求。

每个工作地点的组织负责人负责组织内及与总部的通信。每个组织负责向其工作人员提供必要的通用通信设备和程序性咨询，以符合指定官员确定的紧急通信要求。在没有可接收通信系统的国家，以及在首都或主要区域中心以外的实地业务中，可能需要额外的通信能力。

第六章　维和行动的暴恐袭击风险与管控

一、概述

21 世纪以来，随着美国全球反恐战争、形形色色的恐怖组织频繁活动，恐怖主义和暴力极端主义已经成为国际政策议程上的中心议题。同时，联合国作为国际政府间组织应对国际恐怖主义威胁方面，在政治和实践层面产生了巨大差异。尽管在政治上支持打击恐怖主义，但在使用联合国维和行动打击恐怖主义方面，还是采取了审慎的态度。

从历史上看，联合国维和行动一直被部署在高风险地区，包括恐怖主义猖獗的国家和地区，但迄今为止，联合国安理会并没有授权联合国维和行动直接打击恐怖主义职能。这样做是考虑尽量避免使联合国维和行动卷入到直接冲突当中，避免重蹈索马里维和行动失败的覆辙。2013 年，联合国安理会授权部署马里稳定特派团（MINUSMA），采取“直接行动”来减轻和应对恐怖组织所代表的不对称威胁。① 这是联合国维和行动应对马里恐怖主义的一次尝试，但同时应当看到，尽管马里稳定特派团一直是一些极端组织恐怖袭击的目标，但在应对恐怖主义威胁方面，马里稳定特派团更多是倚

① United Nations. 2016a. *United Nations Security Council Resolution* 2295. New York：United Nations.

重法国的力量，直接介入到恐怖主义冲突中的情况并不多见。

本章首先从联合国维和行动的角度来审视关于恐怖主义和暴力极端主义不断发展的议题。其次，针对是否应当让联合国维和行动在应对恐怖主义威胁方面发挥更大作用的一些观点，将以马里稳定特派团为例，分析了支持的观点和反对的观点。最后，本章认为，尽管有充足的经济和政治理由让联合国维和行动在打击全球恐怖主义和暴力极端主义的行动中发挥更大作用，但这在实践中几乎不可能做到。毕竟这会给联合国维和行动的总体作用带来巨大的负面影响，甚至有可能使1993年的索马里维和行动失败再次重现。

二、恐怖主义和极端主义的新趋势

自2000年以来，恐怖主义造成的死亡人数一直在稳步上升，从2000年的3329人到2014年的32685人。① 2014年的增长尤为明显，与2013年相比增加了80%，主要是因为恐怖组织“伊斯兰国”（IS）以及“博科圣地”的崛起。2015年是有记录以来死亡人数第二多的一年，共有29376人死亡。②

恐怖袭击背后的一些关键恐怖组织主要有活跃在阿富汗、伊拉克和叙利亚的“基地”组织，活跃在叙利亚和伊拉克的IS，活跃在尼日利亚、喀麦隆、尼日尔和乍得的“博科圣地”，活跃在索马里的“青年党”，活跃在马里的“伊斯兰马格里布基地组织”以及活跃在马里的“马基纳解放阵线”。2000年以来，这些恐怖组织所实施的

① IEP. 2015. *Global Terrorism Index* 2015. Sydney: Institute of Economics and Peace.

② IEP. 2016. *Global Terrorism Index* 2016. Sydney: Institute of Economics and Peace.

行为令人发指，许多行为构成了战争罪和反人类罪，① 致使受害者的数量成倍增加。而且像IS这样的跨国恐怖组织与以往的恐怖组织有着本质的区别，它们并不寻求国际社会的承认。相反，它们寻求建立一个新的突破现有的边界“哈里发”，并更加倾向使用极端暴力来实现这一目标。这些恐怖组织的另一个关键特征是利用现代通信和技术工具来恐吓他人，传播它们所犯下的暴行，并在全球范围内招募新的追随者。有些暴力行为达到令人发指的地步，包括使用强奸、性奴役和强迫婚姻作为对平民的恐怖手段，② 使人们对处理这些迅速增长的威胁产生了新的紧迫感。

三、联合国、恐怖主义和六大极端主义

长期以来，恐怖主义在联合国一直是一个有争议的话题，各成员国至今仍未能就恐怖主义的定义达成一致。然而，自2001年“9·11”事件以来，暴力极端主义和恐怖主义在国际议程上的重要性和关注度不断上升。联合国大会于2006年通过了《联合国全球反恐战略》（A/RES/60/288），③ 并通过该战略确立四个支柱：第一，着力瓦解对恐怖主义的有利条件；第二，预防和打击恐怖主义；第三，提高各国打击恐怖主义的能力，加强联合国系统在这方面的作

① UNHRC. 2015. *Report of the Office of the United Nations High Commissioner for Human Rights on the Human Rights Situation in Iraq in the Light of Abuses Committed by the So－Called Islamic State in Iraq and the Levant and Associated Groups*. New York：UN Human Rights Council.

② United Nations. 2015a. *Conflict－Related Sexual Violence*：*Report of the Secretary General*，March 23. New York：United Nations.

③ United Nations. 2006. *The United Nations Global Counter－Terrorism Strategy*，September 30. New York：United Nations.

用；第四，在打击恐怖主义的同时确保尊重所有人的人权和法治。①

《联合国全球反恐战略》（A/RES/60/288）形成后，鉴于与联合国和平与安全工具箱中其他工具的协调和整合程度有限，致使该战略又被定期重新审视。对打击恐怖主义这一行动，全球观点逐渐发生变化，从打击恐怖主义转向打击和预防暴力极端主义的讨论。国际社会也逐渐意识到“9·11”事件后发起的全球反恐战争（GWOT）产生了巨大争议。美国前总统乔治·W. 布什领导的美国政府从全球反恐战争转向“反对暴力极端主义的斗争”。② 这一概念的更新使反恐议程和反恐行动显得更易为国际社会所接受。在接下来的几年里，随着恐怖袭击事件的迅速增加，预防和打击暴力极端主义已经成为主流概念和议程，但在实践中却界限模糊或者仅仅是“新瓶装旧酒”。

2016 年初，联合国前任秘书长潘基文推出的《预防暴力极端主义行动计划》（70/674）③ 就证明了反恐概念的转换。暴力极端主义是一个有不同表现形式的现象，并没有一个明确的定义。它不是新出现的，也不局限于某一区域、国家或信仰。④ 在行动计划中，潘基文认为，迄今为止，一直强调大力执行《联合国全球反恐战略》（A/RES/60/288）第二支柱下的措施，即强调预防和打击恐怖主义，

① United Nations. 2015b. *Plan of Action to Prevent Violent Extremism*: *Report of the Secretary - General*, December 24. New York: United Nations General Assembly.

② Fox, Robert. 2005. Gwot Is history: Now for Save. *New Statesman*, August 8, Accessed 20 Dec 2017, http: //www. newstatesman. com/node/195357.

③ https: //undocs. org/pdf? symbol = zh/A/70/674.

④ United Nations. 2016b. *UN Secretary - General's Remarks at General Assembly Presentation of the Plan of Action to Prevent Violent Extremism* [*As Delivered*], New York: United Nations.

而第一和第四支柱往往被忽视。[①] 在《预防暴力极端主义行动计划》(70/674) 中,"极端主义""暴力极端主义"和"恐怖主义"等术语被交替使用。[②]

在《联合国全球反恐战略》(A/RES/60/288) 第二支柱中,开展反恐行动成为实现这一支柱的重要支撑。目前,联合国主要机构的设置和运作都不是为了以武力打击恐怖组织,特别是在联合国维和行动方面,更不具有此种职能。在联合国维和行动中,维和行动高级别独立小组(HIPPO)报告与反恐行动划清了红线,称"联合国维和特派团由于其组成和特点,不适合参与军事反恐行动。他们缺乏所需的特定设备、情报、后勤、能力和专门的军事准备"。[③] 然而,这句话也被国际社会的一些国家和学者解释为,"如果这些问题得到解决,联合国维和行动将能够承担此类行动"。然而,《预防暴力极端主义行动计划》(70/674) 的主要导向是将政治参与列为首要地位,即联合国维和行动应始终寻求成为"强有力的政治进程"的一部分,并"不断寻求通过公正的姿态建立对联合国作用和存在的认同"。[④] 与安全理事会的主要成员一起,提升政治对话能力是联合国的相对优势。而参与反恐行动会使联合国卷入冲突,成为冲突的

---

① United Nations. 2015b. *Plan of Action to Prevent Violent Extremism*: *Report of the Secretary - General*, December 24, New York: United Nations General Assembly.

② Modirzadeh, Naz K. 2016. If It's Broke, Don't Make It Worse: A Critique of the U. N. Secretary - General's Plan of Action to Prevent Violent Extremism, January 23. Accessed 28 Oct. 2016, https://www.lawfareblog.com/if - itsbroke - dont - make - it - worse - critique - un - secretary - generals - plan - action - preventviolent - extremism.

③ United Nations. 2015c. *Uniting Our Strengths for Peace - Politics*, *Partnership and People*, New York: United Nations.

④ United Nations. 2015c. *Uniting Our Strengths for Peace - Politics*, *Partnership and People*, New York: United Nations.

一方，进而会降低联合国的相对优势。

恐怖主义和暴力极端主义虽然都愿意使用暴力来追求政治目标，但程度不同。如果联合国维和行动的目标是限制、打击和防止暴力极端主义，那么首要目标就是不要进一步疏远那些可能合法的治理和发展问题。将所暴力组织中的个人都定性为恐怖分子，无论他们在哪个层面上，都有可能进一步激化和加强暴力团体的极端主义趋势。

因此，有必要适当细化对暴力极端主义的理解和应对策略。暴力极端主义可能源于各种根源，包括不公正、边缘化、不发达、腐败、缺乏响应的政府和社会凝聚力，以及外部支持的宗教激进化。联合国秘书长警告说，不要用安全化的方法来打击暴力极端主义，并借此提出了一个冲突预防议程，其主要目标必须是更好地了解民众加入 IS 的动机；避免使用“恐怖主义”作为消除政治反对派的标签；通过加强治理、尊重人权、更负责任的机构、提供服务和政治参与来解决根本原因。① 暴力极端主义的众多根源必须反映在成员国以及全球和区域机构应对这些挑战的工具和方法中。

在寻求联合国支持的国家中，其政府的合法性、社会治理能力往往较差。物质和意识形态资源集中在精英阶层，接受教育和其他基本服务的机会往往仅存在于城市中心，这为激进化和招募暴力极端主义团体留下了发酵的空间。在这个脆弱的现实基础上，软弱的政府往往追求军事化的解决方案来应对它所面临的挑战，这也使得问题长期悬而不决，并推波助澜，使事态向着恶性循环方向发展。作为一个以国家为中心的组织，联合国在支持成员国打击暴力极端

---

① UN News Centre. 2015. Preventing Violent Extremism, Promoting Human Rights Go Hand – in – Hand, Ban Tells Washington Summit. UN News Centre, February 19, Accessed 11 Jan. 2016, http://www.un.org/apps/news/story.asp? NewsID = 50123#. VpOdrcmEr9d.

主义和恐怖主义的过程中，也会遵循同样的指导思想。

自“9·11”事件以来，联合国也不幸地更频繁地成为恐怖袭击的目标。2003年在巴格达、2007年在阿尔及尔、2009年在喀布尔、2011年在马扎里沙里夫、2011年在阿布贾、2013年在摩加迪沙发生的袭击和2013年在马里持续发生的袭击，以及大量的小型袭击，都清楚地表明联合国在不主动参与的情况下也会被动卷入到全球反恐战争中，成为其参与者。随着袭击事件的增加，联合国一直在调整其对风险的态势感知，增强其风险管理能力，对高风险地区的人员流动和部署采取了预防措施。

联合国会员国和多边组织制定了各种打击和预防暴力极端主义的理论框架和指导方针，其中也采纳了以军事为导向的反叛乱和反恐指导，如美国的反恐理论和北约的反恐军事概念。① 目前，联合国在反恐以及打击和预防暴力极端主义问题上的政策制定较为被动，一些会员国要求联合国在这些挑战中承担更实质性行动的压力越来越大。② 联合国会员国，特别是西方世界国家，要求联合国维和行动积极应对21世纪的挑战，而马里稳定特派团已成为检验联合国维和行动是否真的能够承担这些挑战的“实验室”。但与此同时应当看到，西方国家主导的反恐战争，与推动联合国维和行动参与反恐战争存在着巨大的认同鸿沟。西方国家敦促联合国维和行动参与地区反恐，但维和行动出兵国/出警国由于受到人员伤亡压力，不愿意将兵力或警力投送到反恐行动中去。

如上文所述，联合国人员在一定程度上也成为袭击目标。在全

① NATO. 2011. NATO's Military Concept for Defence Against Terrorism, January 2. Accessed 27 Jan. 2016, http://www.nato.int/cps/en/natohq/topics_69482.htm.

② Boutellis, Arthur, and Naureen C. Fink. 2016. *Mind the Gap: UN Peace Operations and Terrorism and Violent Extremism Between Policy and Practice, Opportunities and Risks*, New York: International Peace Institute.

球反恐背景下，联合国在索马里和马里开展的维和行动也在安理会授权的前提下，有限度地使用武力进行自我防卫，并在特定国家领导下开展有限度的反恐行动，以降低联合国遭遇恐怖袭击的频率和烈度。到目前为止，政治特派团和联合国的发展机构一直是这些袭击的主要目标，但随着联合国在马里部署联合国马里多层面综合稳定特派团（MINUSMA），联合国多层面维和特派团被赋予了稳定国家的功能和职责，从而在一定程度上卷入了打击暴力极端主义和恐怖组织的行动。① 从安理会授权平行部署法国领导的“薮猫行动”，至后来过渡到“巴尔坎行动”（Opération Barkhane），成为多维维和特派团第一次与正在进行的反恐行动合作。② 而这些都说明国际反恐形势出现了新的变化。

2014 年 6 月 25 日，安理会一致通过了第 2164（2014）号决议，决定马里稳定特派团的重点工作是保障安全、实现稳定和保护平民；支持马里政治对话与和解；支持在马里恢复国家权力，重建马里安全部门，增进和保护人权和协助人道主义援助。③ 马里稳定特派团部署一年后，其部队指挥官向联合国安理会通报说，“马里稳定特派团处于打击恐怖主义的状态，但却没有反恐任务或足够的培训、装备、后勤或情报来应对这种情况。”④ 这样被动应战的情况致使马里稳定特派团屡遭袭击，仅在 2014 年，马里稳定特派团就有 41 人因

① Karlsrud, John. 2015. The UN at War: Examining the Consequences of Peace Enforcement Mandates for the UN Peacekeeping Operations in the CAR, the DRC and Mali, *Third World Quarterly* 36 (1): 40 – 54.

② Ministère de la Défense. 2015. Opération Barkhane, November 30. Accessed 8 Jan. 2016, http: //www. defense. gouv. fr/operations/sahel/dossier – de – presentation – de – l – operation – barkhane/operation – barkhane.

③ https: //peacekeeping. un. org/zh/mission/minusma.

④ United Nations. 2014. *United Nations Peacekeeping Operations*, 7275th Meeting, October 9, New York: United Nations.

遭受袭击而死亡。根据联合国前任秘书长潘基文的说法，这是“联合国历史上所有维和行动中，造成一年内高死亡率之一的行动”。①然而，在那个时候，联合国安理会没有授权马里稳定特派团对不对称威胁采取直接行动。

举例而言，马里稳定特派团有一个反恐和打击有组织犯罪工作队，其任务是“就实施一项共同和全面的战略，以支持马里政府反恐和打击有组织犯罪，并提供建议”。② 马里稳定特派团的军事部队一直在准备打击“被认为对特派团构成威胁的团体和个人”，③ 并一直与平行的法国反恐特派团（Opération Barkhane）分享信息。④ 综合来看，这些做法表明，马里稳定特派团可能已经越过了维和行动高级别独立小组（HIPPO）报告划定的红线。

在部署到马里这样的国家时，联合国必须有能力降低和防止针对自身和当地居民的攻击。在实践中，这意味着与暴力极端分子和恐怖分子进行军事接触。对于马里稳定特派团来说，这已经是它正在努力应对的现实。未来，联合国维和行动可能会被部署到其他遭受恐怖主义威胁的国家，在马里的实践将成为在这些国家实践的参照。

2021 年 9 月 28 日，马里稳定特派团重申对马里中部安全局势的

---

① United Nations. 2015d. *Secretary – General Remarks at Wreath – Laying Ceremony for International Day of United Nations Peacekeepers*, May 29, New York：United Nations.

② United Nations. 2015e. *Report of the Secretary – General on the Threat of Terrorists Benefiting from Transnational Organized Crime*, May 21, New York：United Nations.

③ Karlsrud, John. 2017. Towards UN Counter – Terrorism Operations, *Third World Quarterly* 38（6）：1215 – 1231.

④ Karlsrud, John. 2017. Towards UN Counter – Terrorism Operations, *Third World Quarterly* 38（6）：1215 – 1231.

关切，特别是在袭击有所增加的情况下，包括通过简易爆炸装置，袭击目标包括桥梁、平民以及马里国防和安全部队等重要基础设施和部门。面对这种情况，马里稳定特派团与马里军事当局密切协调，迅速做出反应，部署维持和平人员，作为“布法罗行动”（Buffalo）的一部分。目标是帮助改善当地安全形势，恢复15号国道（RN15）的自由通行。①

正是在这种背景下，自2021年9月初以来，驻扎在塞瓦雷的马里稳定特派团维持和平人员一直在定期巡逻，同时设立检查站，以帮助保护这一重要道路沿线的桥梁和使用者的安全。这些地面行动定期通过直升机和无人驾驶侦察机巡逻来增强安全保障。

（一）与监管机构共同承担责任

由于非洲联盟（AU）和非洲大陆的次区域组织正在开展类似的反恐行动，而且未来可能会扩展到利比亚、也门和叙利亚，因此以自愿联盟的形式开展此类行动可能更具有操作性。这将为牵头的区域组织或国家集团留下足够的空间就一系列问题做出决定，而这些问题在联合国环境下可能会受到更多限制。联合国组织重视与地区组织之间的伙伴关系，联合国支持非盟发挥地区主导作用，但非盟倡导的此类任务应与联合国维和行动之间互相配合，以免进一步破坏传统的联合国维和行动，或者破坏联合国维和行动的实施环境。同时强调，自愿联盟以及在某些情况下的区域组织，仍将是唯一具有必要的政治意愿、能力、理论和持久力的选择，可以在联合国的授权下开展反恐行动。

① https：//minusma. unmissions. org/la – minusma – renforce – ses – efforts – de – lutte – contre – l% E2% 80% 99ins% C3% A9curit% C3% A9 – au – centre – du – mali.

非盟和次区域组织的实践证明，它们在不断加强其开展和平支持行动的能力和实力。非盟已经在一些战场上授权或直接实施反恐行动，例如在乌干达消灭“圣灵抵抗军”（Lord's Resistance Army）的非盟区域工作队、索马里的非索特派团、非洲领导的马里国际支助团、为打击“博科圣地”而建立的多国联合工作队以及由布基纳法索、乍得、马里、毛里塔尼亚和尼日尔的部队组成的萨赫勒五国集团联合部队（G5 Sahel Joint Force）。

基于非盟地区主导力量的使命和任务，非盟的和平执行任务还有一个相对优势，即参与国具有强烈的政治意愿和长期维持重大损失的能力，这是联合国维和行动无法或不可能比拟的。2015 年，非盟提出在五年内将非盟维和行动的自筹资金提高到 25% 的倡议，① 但就目前执行情况而言，资金、能力和实力问题仍未得到根本解决。非盟还强调加强问责制和人权尽职调查机制，并制定任务以支持相关倡议。然而，非盟在许多领域仍然存在能力不足的问题。② 因此，成员国需要继续建设非盟、次区域组织和非洲成员国的能力，以全面打击和预防暴力极端主义，包括更加强调早期和平建设和恢复计划，以提供真正的机会并阻止恐怖组织的招募。

（二）努力建立完备的方案

联合国的相对优势在于其合法性、号召力和公正性，以及全面提供和协调和平与安全、发展和人权等支柱领域的能力。但是，这

---

① African Union. 2015. *Peace and Security Council 547th Meeting at the Level of Heads of State and Government*, September 26, Addis Ababa: African Union.

② United Nations. 2017b. *Protection of Civilians: Building the Foundation for Peace, Security and Human Rights in Somalia*. Mogadishu and Geneva: UN Assistance Mission in Somalia and Office of the United Nations High Commissioner for Human Rights.

些因素中的每一个都容易受到任务过度扩张和执行不力的影响。联合国以国家为中心的性质既是其优势，也是其弱点。

联合国提供斡旋、与武装组织接触以及参与早期和平建设、恢复和发展，但过度使用武力却削弱了联合国维和行动的合法性。积极参与冲突也大大增加了联合国工作人员和其他与联合国有实际联系的行为者受到攻击的风险。

用障碍物、有刺铁丝网和有限的行动自由来加固联合国驻地，往往是对暴力极端分子和恐怖分子的威胁增加的恰当反应。然而，虽然增加安全措施可能是必要的，但这也限制了与当地居民接触的可能性，会减弱对潜在的政治、经济和社会动态的态势感知，使当地居民和联合国工作人员之间的隔阂长期存在并扩大。正如在马里所见，部队派遣国在敌对地区的风险规避也削弱了联合国维和行动的合法性。

事实证明，单纯的军事战略不仅进一步激化了地区矛盾，而且助长了恐怖主义和极端暴力的激进化，还会造成冲突预防行动方面的资金紧张，导致地方、国家、区域和全球层面的负面循环。在多个层面协同治理、综合治理，突出冲突预防功能，是2017年后联合国维和行动改革的一个重要发展方向。预防议程促使国家领导层面重新思考国家与社会的关系，其中应包括与公民社会进行更多、更深入的对话，建设更具包容性、参与性和代表性的社会。① 因此，联合国需要对东道国政府保持公正的立场，反对利用联合国维和行动来打击被称为“恐怖分子”的政治反对派。

为了解决暴力极端主义和恐怖主义的根源，联合国维和行动和联合国系统可以与各国政府、多边组织、宗教组织和非政府组织合

① De Coning, Cedric, John Karlsrud and Paul Troost. 2015. Towards More People - Centric Peace Operations: From "Extension of State Authority" to "Strengthening Inclusive State - Society Relations", *Stability* 4 (1): 1 - 13.

作，有必要为政治对话、包容和社区参与创造新的平台，以促进整体治理效果。鉴于世界所面临挑战的相互关联性和跨国性迅速增加，不仅国家层面需要战略，而且区域和全球范围也需要创建发展战略，需要建立新的伙伴关系，特别是在次区域和区域层面——这种伙伴关系是整体的、全面的、综合的，并建立在对暴力极端主义产生的社会根源深入分析的基础之上。遗憾的是，由于对潜在的社会驱动因素和根源认识不足，成员国之间在次区域和区域层面缺乏合作，应对措施往往受挫。

暴力极端主义和应对这些威胁的军事化措施对女性的影响，也是一个重点关注的领域。暴力极端主义的兴起，威胁着女性的生活，导致社会军事化的循环。① 暴力极端主义、恐怖主义和反恐使弱势群体处于两难境地，缩小了女性和平建设者的参与空间，并限制了基本服务和和平建设活动的资金。

鉴于上述情况，预防和去激进化的议程得到了国际社会的广泛认同，国际社会对其进行了大量投入。例如，沙特阿拉伯是联合国反恐中心（UNCCT）的主要赞助者，该中心是反恐执行工作队（CTITF）的一部分。② 2006 年，联合国大会成员国通过了《联合国全球反恐战略》（A/RES/60/288），③ 联合国反恐中心和反恐执行工作队都是联合国政治事务部（DPA）机构的一部分，也负责执行特别政治任务。2014 年，反恐中心收到了沙特阿拉伯提供的 1 亿美元

---

① Stamnes, Eli, and Kari Osland. 2016. *Synthesis Report: Reviewing UN Peace Operations, the UN Peacebuilding Architecture and the Implementation of UNSCR* 1325, Oslo: Norwegian Institute of International Affairs.

② United Nations. 2016c. UN Counter – Terrorism Centre. United Nations. Accessed 11 Jan. 2016, http://www.un.org/en/terrorism/ctitf/uncct/.

③ United Nations. 2006. *The United Nations Global Counter – Terrorism Strategy*, September 30, New York: United Nations.

捐款，以加强其“对抗和消除恐怖主义威胁的工具、技术和方法”。① 它还得到了德国、英国和美国的部分资助。据一位联合国官员称，2015 年，反恐执行工作队/反恐中心约占政治部预算业务部分的一半，为外地的项目和活动提供资金，例如反恐中心已与联合国马里特派团、联合国机构和其他机构接触，以开发项目。② 但实施起来要么有限，要么没有效果。这一明显的矛盾现象说明了一个重要问题：国际社会在处理一些国际安全挑战方面的政治意愿有限。

联合国安理会应保持联合国在调解冲突中的核心作用。因此，它应该提名一位单独的特使来领导谈判，为参与创造必要的空间。不应禁止联合国与任何行动者交谈，即使是那些超出范围的行动者，也应保持沟通渠道畅通。

联合国维和行动应该与东道国紧密合作，制订建设和平和早期恢复计划，利用发展数据和情报的结合，针对特别脆弱的人群，如青年和边缘化社区或种族。事实证明，减少社区暴力的计划在海地等地非常有效，并且正在马里进行测试，以解决招募人员加入该国的极端组织，包括与“基地”组织结盟的极端组织的问题。联合国维和行动也应考虑限制其军事存在，在其被视为冲突一方的地区专注于民事活动。③

（三）意见和建议

维和行动高级别独立小组的报告强调了政治解决方案的首要地

---

① UNCCT. 2015. Kingdom of Saudi Arabia Donates USD 100 Million for the United Nations Counter – Terrorism Centre. *The Beam* 8：1 – 3. Accessed 11 Jan. 2016, http：//www. un. org/es/terrorism/ctitf/pdfs/The%20Beam%20 Vol%208. pdf.

② United Nations. 2016c. UN Counter – Terrorism Centre. United Nations，Accessed 11 Jan. 2016，http：//www. un. org/en/terrorism/ctitf/uncct/.

③ Di Razza，Namie. 2017. *Reframing the Protection of Civilians Paradigm for UN Peace Operations*，New York：International Peace Institute.

位。报告指出，“人们清楚地意识到，今天对（联合国）维和行动的要求与他们所能提供的服务之间的差距越来越大。”① 前联合国维和行动负责人让·马力认为，强有力的维和行动必须得到强有力的政治战略支持。联合国维和行动在越来越危险的地区开展工作，面临着暴力极端主义和跨国恐怖网络的威胁。这一方面是由于联合国安理会在条件成熟之前就要求部署特派团，另一方面是由于技术和通信的结构性发展推动了恐怖主义威胁的变化，暴力极端分子和恐怖分子变得联系更紧密，并擅长使用媒体。

这些威胁可能会加剧，为了继续在困难的、有时是敌对的环境中运作，无论是否被明确要求承担反恐任务，联合国必须在各个层面上进行改进。由于联合国有可能继续与有反恐任务的区域组织平行部署，联合国应警惕其在平行部署中所面临的安全、声誉和合法性风险。联合国必须通过限制参与与反恐行动平行部署的军事和实质性任务来减轻日益增加的安全风险，加紧努力为联合国特派团建立一个有效的综合情报概念，加强其冲突预防议程，特别是与那些有可能被激进化的人接触。特派团之间必须加强合作，定期分享信息。

联合国能够也应该为跨国恐怖威胁做好准备，其维和行动已经表明在行动上和政治上所能做到的极限。

四、马里：暴恐袭击风险及其应对案例

自2013年起，国际社会开始介入马里危机，开展维和行动。国际社会对马里的维和行动是基于马里政府邀请，得到了安理会授权，

① United Nations. 2015c. *Uniting Our Strengths for Peace – Politics, Partnership and People*, New York: United Nations.

具有合法性；而且，国际社会参与马里维和行动的行为体呈现出多元化特征。这些特征使马里维和行动明显区别于以往单边军事行动和国际维和行动，具有典型性。①

马里曾长期遭受法国殖民统治和掠夺，是世界上最贫穷的国家之一。马里独立以来，经济基础薄弱、政治体制脆弱、结构性问题突出、种族矛盾加剧、社会凝聚力差，加之环境恶化、气候变化和国际经济下滑的冲击，致使马里社会矛盾丛生，极易形成危机和动荡。1992 年以来，马里政局总体平稳，但是 2012 年 3 月，由于不满政府的抚恤政策及其在处理马里北部地区骚乱问题上的软弱，马里部分军人策动军事政变，导致民选政府倒台。这为马里民族分裂势力、恐怖主义势力的渗透提供了机会，成为马里危机不断升级的突破口。

在 2012 年最初的叛乱和政变之后，法国政府于 2013 年 1 月决定对马里进行军事干预。联合国安理会授权建立联合国马里多层面综合稳定特派团（MINUSMA），其任务也授权法国部队使用“一切必要手段”来支持联合国特派团。2014 年 8 月，“薮猫行动”进入第二阶段，称为“巴尔坎”反恐行动，其活动范围包括所有萨赫勒五国集团（马里、毛里塔尼亚、布基纳法索、尼日尔和乍得）。

联合国维和行动和国际反恐行动对马里的和平产生了系列影响。2013 年 1 月法国的“薮猫行动”（Serval）之后，国际干预行动被划分为两个军事任务：联合国在马里的维和行动和法国领导的反恐行动。区分维和与反恐对于国际冲突管理和马里冲突解决具有动态的意义。战争与和平、干预与主权的界限不再是对立的，而是模糊为一种正在出现的永久性军事干预的“新常态”。

---

① 王晓静：《马里维和行动浅析》，《国际研究参考》，2014 年第 8 期，第 21 页。

维和与反恐之间的区别突出了对合法暴力和权威要求所涉及的紧张关系和争论点。它凸显出暴力、合法性和权威之间的争议关系，即通过指出模糊和有争议的权威，授权何时、何地、谁可以对他人发动合法的暴力行动，以及为了什么目的。一旦做出区分，并提出合法暴力的主张，他们就会通过动员“马里的和平必须包含在‘反恐战争’范围内”的说法，来框定关于马里和平可能性的主张，这对马里冲突的解决产生了重大影响。

（一）马里冲突

马里是一个多民族、多种族且社会分化相对严重的国家。马里虽已独立50余年，但国家尚未完成民族一体化建设，不同族群间的矛盾冲突仍时有发生。2012年1月，“阿扎瓦德民族解放运动”开始了武装斗争，并赢得了政府控制下的阿扎瓦德地区。该组织攻占了昂代郎布坎（Andéramboukane）、梅纳卡（Menaka）、泰萨利特（Tessalit）、尼亚丰凯（Niafunké）、阿盖洛克（Aguelhoc），控制了马里北方部分地区。2012年1月，“阿扎瓦德民族解放运动”（MN-LA）的图阿雷格叛军在“伊斯兰马格里布基地组织”（AQIM）、“西非统一圣战运动”（MUJAO）等帮助下，将马里军队从北部驱逐出去。

2012年4月6日，“阿扎瓦德民族解放运动”宣布取得战争胜利。尽管马里危机后期，“阿扎瓦德民族解放运动”正式放弃了独立要求，民族分裂主义已不是马里的首要问题，但民族分裂主义已经造成的安全危害在短期内无法彻底根除，并成为影响马里未来和平与稳定的隐患。马里国家对危机的管理乏善可陈，而且没有相关法律框架的支持。

2012年12月20日，联合国安理会通过第2085号决议，授权在马里部署一支非洲部队后，“圣战”组织很快开始南下。时任法国总统弗朗索瓦·奥朗德（François Hollande）认为，巴马科是恐怖组织的下一个目标，马里的领土完整受到威胁，因此迅速做出反应：2013 年 1 月 11 日启动了“薮猫行动”。法国军队在几个月内迅速成功击退了极端主义武装组织。①“薮猫行动”并不是要成立一支长期的稳定部队，而是为了恢复马里社会秩序、领土完整和民主合法性而部署的干预行动。因此，它创造了条件，使联合国能够部署部队并开始解决治理与和解问题。

虽然法国政府强调了恐怖主义威胁，② 但马里局势的复杂程度显然超出国际社会的预期。马里维和行动是在马里陷入极度混乱的背景下展开的，它既面临着来自马里国内局势的挑战，也需要处理好国际维和行动本身的问题。

一是来自马里国内的挑战。其一，马里的民族和解是其要优先解决的问题。尽管 2013 年 7 月马里产生了民选政府，但政治和解进程依然步履维艰，各方之间的不信任使得对话进程障碍重重。其二，造成马里北部经常性危机的根源和治理问题依然没有解决。马里北部的贫困问题突出，青年缺少工作机会，经济发展不能持续，治理没有得到明显改善。其三，严重的安全挑战依然存在，包括一些地区持续不断的恐怖活动和违法犯罪活动，如恐怖袭击、武器扩散以及毒品走私和其他犯罪活动，这些问题如果持续发酵，必然会破坏马里的稳定与发展。

二是来自联合国维和行动自身的问题。其一，联合国维和行动开展 70 多年来，一直没有组建一支自己的快速反应部队，因此在面

① Notin, Jean – Christophe. 2014. La guerre de la France au Mali, Paris: Tallandier.

② Erforth, Benedikt. 2015, “Thinking Security: A Reflectivist Approach to France's Security Policy – Making in sub – Saharan Africa”, PhD diss., University of Trento.

对诸如马里危机这类紧急情况时，联合国缺乏有效应对措施，无法做到快速部署，有效打击。其二，马里维和任务区的恐怖势力和极端组织对维和行动提出了新的安全挑战。当马里、马里支助团和法国的主要作战行动停止后，各极端主义武装组织开始更多地使用非对称战术，包括自杀式炸弹袭击。尽管打击恐怖主义的任务更多地由马里部队承担，但联合国维和行动所面临的安全威胁非常大，对其人员安全提出了新挑战。其三，联合国维和财政改革没有突破性进展，马里维和行动的巨大财力需求与联合国维和行动经费短缺之间存在矛盾。联合国维和财政改革目前仍然处在"改革停滞期"。这里所说的"停滞"，是指改革尽管在一定程度上缓解了维和财政的混乱，但在根本问题上难以突破旧有藩篱而获得较大进展。这一持续性问题，对马里维和行动的可持续能力提出了新挑战。

简而言之，自 2012 年以来与恐怖主义有关的暴力行为不能与马里国家的政治历史①及萨赫勒地区特殊的政治和道德经济②脱节。事实上，2013 年法国和联合国的军事干预从根本上挑战、改变了马里的冲突态势并使之国际化。2012 年，最初的国际反应是犹豫不决的，主要是因为对马里问题是严格意义上的国内冲突、反恐危机还是更广泛意义上的民主或国家问题几乎没有共识。这是法国和美国政府在联合国辩论的一个关键点，美国政府认为这是马里民主体制的危机。③ 法国开始几乎无法说服任何人采取行动，直到 2012 年秋天，他们开始强调马里的领土和作为一个民族国家的完整性，及对西非、

① Baudais, Virginie. 2016, Les trajectoires de l'État au Mali, Paris: L'Harmattan.

② Scheele, Judith. 2012. Smugglers and Saints of the Sahara: Regional Connectivity in the Twentieth Century, New York: Cambridge University Press.

③ Chivvis, Christopher. 2016, The French War on Al Qa'ida in Africa, New York: Cambridge UniversityPress.

法国和欧洲的恐怖主义威胁。[①] 因此，马里的国际意义变得越来越大。[②]

“薮猫行动”是将国际注意力集中在恐怖主义威胁上的分水岭。它标志着恐怖主义的挑战与马里其他问题和冲突的明确分离。二元框架可以用来将北部（和萨赫勒）的安全问题与南部的政治问题对立起来。[③] 法国的反恐行动等做法虽将马里的身份和空间与萨赫勒恐怖分子区分开来，但并没有过多考虑这一介入的不稳定性、不充分性和后果。

（二）国际干预

对马里的国际干预涉及两种类型的军事任务：联合国维和行动和法国反恐行动。这种区分是以分工的方式来定义的。联合国维和人员与合法的政治行为者和冲突动态打交道，而法国部队则负责处理恐怖分子。但在实践中，由于区分恐怖分子和合法战斗人员（或叛乱分子）的困难，这种区分并不可靠。

维和与反恐的各自理论学说为这种分工提供了规范。从狭义上讲，维和指的是一种道德和伦理框架，它界定并限制了可以合法使用军事暴力的条件。维和之所以被认为是合法的，是因为它与战争、反叛乱和反恐“道义上不同”。维和三原则为可允许的暴力限度提供

---

① Erforth, Benedikt. 2015, “Thinking Security: A Reflectivist Approach to France's Security Policy - Making in sub - Saharan Africa”, PhD diss., University of Trento.

② Wing, Susanna D. 2013, “Mali: Politics of a Crisis”, African Affairs 112 (448): 476 - 485.

③ Marchal, Roland. 2013, “Military (mis) adventures in Mali”, African Affairs 112 (448): 486 - 497.

了原则上的指导。[1] 与对维和的狭义理解不同，反叛乱和反恐怖主义是基于对需要被打败的“敌人”的识别。从广义上理解，对“敌人”的认定通常被认为或判断为“道德低下”，因此有理由采取各种方法来摧毁他们。对于大多数受恐怖主义极端思想影响的人而言，其目标是建立“一个能够通过控制暴力强加秩序的国家”。[2]

维和行动高级别独立小组（HIPPO）的报告承认并强调了概念模糊带来的风险，特别是将反恐任务与联合国维和行动混为一谈："联合国维和特派团由于其组成和特点，不适合参与军事反恐行动。"[3] 在这种情况下，“当联合国维和行动与开展军事反恐行动或其他进攻行动的非联合国部队同时部署时，必须有明确的分工和角色区分来指导各自的行动”。[4] 决策人和政策制定者试图将基于同意、公正和最低限度使用武力的参与范围与基于确定需要击败的“敌人”的参与范围分开。

（三）冲突的框架

在马里，维持和平、反叛乱、反恐怖主义和国家建设在道德、政治和行动等方面的重要性不亚于它们之间的区别。马里稳定特派团是在“薮猫行动”的法国军事行动的背景下部署的，该特派团采

① Levine, Daniel. 2014, The Morality of Peacekeeping. Edinburgh: Edinburgh University Press.

② Owens, Patricia. 2015, Economy f Force: Counterinsurgency and the Historical Rise of the Social, Cambridge: Cambridge University Press.

③ HIPPO (High－Level Independent Panel on United Nations Peace Operations). 2015, "Uniting our Strengths for Peace－Politics, Partnership and People", presented to UN Secretary－General, June 16.

④ HIPPO (High－Level Independent Panel on United Nations Peace Operations). 2015, "Uniting our Strengths for Peace－Politics, Partnership and People", presented to UN Secretary－General, June 16.

取的军事行动部署寻求消灭敌军，并瓦解恐怖主义网络，帮助恢复马里的领土完整和统一。① 联合国和马里政府之间的争议部分在于维和人员的交战规则。从一开始，马里政府就要求联合国开展维和行动，以重新征服北部地区。② 但联合国开展反恐行动面临重大压力，③ 因此联合国至今仍然拒绝参加反恐行动。

关于联合国是否应该在马里加强、促进、维持或建设和平的问题，与对冲突动态的理解密不可分，而冲突动态又反过来影响这些问题的解决。简而言之，冲突解决和冲突分析在实践中不可分割。关于在马里实现和平的可能性和干预的效果，必须回答两个关键问题：谁是马里的“敌人”，以及冲突发生在哪里？

首先，谁是马里的“敌人”？直截了当地说，在马里会存在打击恐怖分子及其资金链的需求，仅仅认为打击恐怖分子是不够的。事实上，在区分马里（以及其他地方）的恐怖分子和非恐怖分子方面存在着多种问题。一个问题来自于这些概念本身的争议性。恐怖主义的概念被注入了对不可容忍的暴力的道德判断，这种判断标志着国家权力和合法暴力的界限。无论捍卫的是什么政治事业，追求的是什么目标，或者冲突的原因是什么，“恐怖主义”这个标签都是去

---

① Assemblée nationale（France）. 2013，“Audition de l'amiral Édouard Guillaud sur les enseignements de l'opération Serval”，Commission de la défense nationale et des forces armées，Compte rendu 74，May 22.

② Nougayrède，Natalie，and Christophe Châtelot. 2012，“Le Mali en appelle à l'ONU pour reconquérir le Nord”，Le Monde，September 26.

③ Banbury，Anthony. 2016. “I Love the U. N.，But It Is Failing”，International New York Times，March 18，http：//www. nytimes. com/2016/03/20/opinion/sunday/i - love - the - un - but - it - is - failing. html? action = click&pgtype = Homepage&clickSource = story - heading&module = opinion - c - col - right - region&region = opinion - c - col - right - region&WT. nav = opinion - c - col - right - region&_r = 2.

政治化的，应立即授权国家对“恐怖分子”使用暴力。因此，这个概念在政治和科学之间、学术和国家之间一直存在争议。[①] 此外，“战争”的概念，如“全球反恐战争”（GWOT），为思考应对恐怖主义的其他方式提供了便利。[②]

强调马里恐怖分子的威胁会扭曲对冲突的分析。[③] 在马里，识别恐怖分子是多层次的，表达了各种有争议、不确定和不稳定的边界和做法。例如，巴马科政府几乎不承认“圣战”分子和图阿雷格叛军之间的区别，认为他们或多或少是同一类人；[④] 自联合国维和特派团成立的第一天起，马里政府就提出要求，联合国部队应在北部打击“恐怖分子”。[⑤] 从国际行动者（无论是联合国、法国、欧洲其他国家还是非洲）的角度来看，区分恐怖分子和非恐怖分子并不容易。这揭示出了一个事实：除了极少数例外，恐怖分子和非恐怖分子的身份大多经常互换。

其次，冲突发生在哪里？地理在识别敌人和使国家权力合法化方面起着关键作用。正如迈克尔·夏皮罗（Michael Shapiro）所认为的，“对改变性（危险的他人）的表述再现了赋予民族国家和一般国家以一致性的身份和空间。然而，这种表述往往受到挑战，民族国家赖以生存的领土框架的不稳定性突出了国家空间实践的身份利害

---

① Stampnitzky, Lisa. 2013, Disciplining Terror: How Experts Invented “Terrorism”, Cambridge: Cambridge University Press.

② Mégret, Frédéric. 2002, “‘War’? Legal Semantics and the Move to Violence”, European Journal of International Law 13 (2): 361 – 399.

③ Shurkin, Michael, Stephanie Pezard, and Rebecca Zimmerman. 2017. Mali’s Next Battle: Improving Counterterrorism Capabilities. Santa Monica: Rand Corporation.

④ Guichaoua, Yvan. 2017, “L’horizon compromis de la force Barkhane au Mali”, The Conversation, May 10.

⑤ Nougayrède, Natalie, and Christophe Châtelot. 2012, “Le Mali en appelle à l’ONU pour reconquérir le Nord”, Le Monde, September 26.

关系，同时也使它们更具争议性”。[①]

在马里，地理和空间参照物与它的领土界限有关，但也与萨赫勒—撒哈拉的模糊边界有关。以领土和/或国家认同为概念的“马里”，不可避免地与萨赫勒—撒哈拉的历史及其人民联系在一起。后者可能对统一和不可分割的“马里”的想象力构成挑战。例如，图阿雷格人一直认定他们有超越国家边界的行动自由。[②] 学者们分析了马里国家和图阿雷格人之间的关系，他们被认为非自愿地居住在马里，从而阐明了当前紧张局势的根源。

法国政府将法国的反恐行动描述为协调和监测区域合作的框架，以协调其成员的发展和安全政策。“巴尔坎行动”是“薮猫行动”的退出战略，使法国政府能够宣称“薮猫行动”已经结束并取得了成功。它也是“新战略方针”的军事组成部分，将以前法国—非洲双边军事合作的资源区域化。其目标或任务是帮助萨赫勒五国集团国家打击恐怖主义，防止恐怖主义庇护所的恢复，并在萨赫勒—撒哈拉地区构建一个集体安全机制。“巴尔坎行动”是一项重要的军事安排，涉及3500名法国士兵、大约200辆运输卡车、200辆装甲车、20架直升机、6—10架支援飞机、4—6架战斗机和5架无人机（后者在尼亚美与美国军队密切合作下运行），所有这些都部署在加奥和恩贾梅纳的两个永久性基地以及分布在该地区的几个中转平台。其目的是为了保持长期和同步的行动。因此，它需要具备如下条件：一是与萨赫勒五国集团的伙伴关系；二是根据联合国安理会第2100号决议支持联合国马里稳定特派团的任务；三是对跨国威胁的军事反应。

---

① Shapiro, Michael. 1997, Violent Cartographies: Mapping Cultures of War, Minneapolis: University of Minnesota Press.

② Lecocq, Baz. 2010. Disputed Desert: Decolonisation, Competing Nationalisms and Tuareg Rebellions in Northern Mali. Leiden: Brill.

法国实施的“巴尔坎”反恐军事行动，抓住了恐怖主义弥散性特征。法国政府声称恐怖主义呈区域性存在特征，将恐怖分子的身份与跨国和区域安全联系起来，而且法国的军事行动授权在马里领土之外开展，因此，“巴尔坎”军事行动并未干涉马里内部事务，而是为马里及地区的和平与稳定提供支持和帮助。

然而，法国的反恐行动可能与马里的主权领土要求相矛盾，并暴露了马里政府为什么反对讨论独立或北部人口的“过多”自治。马里的“领土完整”是通过强调“巴尔坎行动”试图摧毁的萨赫勒地区恐怖分子的外部威胁来实现的，但将“巴尔坎行动”作为区域安全治理合作的框架将在很大程度上避免了关于“干预是否合法地侵犯或破坏（马里）国家主权”的辩论。

作为需较长时间开展的行动，“巴尔坎行动”的直接后果是将马里危机在空间和时间上一分为二，以授权军事部署进行无限制的打击的方式进行，但同时也破坏了马里稳定特派团确立的长期国家建设和和平建设目标。

（四）和平进程及其国际限制

2015 年《和平与和解协议》在很大程度上被认为是一个外部强加的进程。马里政府在 5 月签署了该文件，而“阿扎瓦德运动联盟”（CMA）在谈判中做了更多的让步后，才于一个月后在巴马科签署。然而，截至 2017 年 4 月，所有的主要条款都尚未实施，如权力下放措施的实行，临时当局的建立或国家权力在北部的恢复，混合巡逻的启动，解除武装、复员和重返社会（DDR）进程，以及安全部门改革（SSR）……除了象征性的姿态之外，并没有产生有意义的进展。① 签署方之间的不信任、合作的分裂，以及自 2014 年以来不断增加的暴力事件，共同造成了一个不稳定的局面。②

和平进程的缓慢实施表明，主要的签署方并没有完全接受这一政治进程，他们经常部署拖延战术，以争取更好的地位，或者在北部地区占领商业、交通路线等。如果没有必要的实地准备，仍有很大争议的 2015 年《和平与和解协议》的签署不可能是可信或持久的。事实上，通过这一过程许多人认识到特派团对政治局势的影响有限。③

作为签署协议的一方，"阿扎瓦德运动联盟"（CMA）一再谴责政府缺乏政治和解意愿。"阿扎瓦德运动联盟"要求明确划分马里武装和安全部队与武装民兵（即 GATIA，主要被视为国家代理部队）之间的界限。因"阿扎瓦德运动联盟"一直在失去追随者、可信度和影响力，因此它不愿意看到国家政权掌握北部。

马里政府似乎也没有真正接受 2015 年《和平与和解协议》的权力分享精神。2017 年，马里政府仍然对和解持批评态度，特别是马里国防和安全部队遭受到大量伤亡，受到袭击的频率和强度都在上升的情况下。

缺乏具体或有意义的进展，有可能使和平进程停滞。恐怖袭击数量的持续增加，以及武装运动领土化和种族化的日益严重，都加剧了这种风险，甚至使局势趋于恶化。

---

① Boutellis, Arthur, Marie – Joëlle Zahar. 2017, "A Process in Search of Peace: Lessons from the InterMalian Agreement", International Peace Institute.

② UNSC (United Nations Security Council). 2017, "Report of the Security – General on the Situation in Mali", S/2017/271, March 30.

③ Goffi, Emmanuel. 2017, Opération Barkhane entre victoires tactiques et échec stratégique: Eléments de réflexion sur l'intervention militaire dans la bande sahélo – saharienne, Montreal: Centre FrancoPaix de la Chaire Raoul – Dandurand.

第七章　塞浦路斯安全问题及风险管理

塞浦路斯地处亚非欧三大洲交汇处，地理位置独特，政治、历史、文化、种族呈多元化，与诸多不稳定国家相邻，局势敏感多变，国际关系复杂，长期以来是各发达国家重点关注之地。该任务区存在有54年历史，可以说是一个相对较成熟的任务区，从1974年冲突后停火以来，塞浦路斯保持了较为安全、和平的环境。联合国驻塞浦路斯维持和平部队是中国警察目前参与的两个维和任务区之一。回顾联塞部队的发展历程和安全环境，将对联合国维和行动安全问题研究有一个更深层次的认识。

一、派出前准备工作

每一名通过甄选且在有效期的队员要做好随时派出的准备，这些准备既包括物质准备，也包括心理准备，多方面的准备本身就是安全意识、安全能力的储备。虽然塞浦路斯任务区通常轮换时间为每年的1月、3月和7月，但经常会因为岗位情况、人员准备情况、任务区操作情况导致派出时间提前或错后。由于个人准备不到位造成面试未通过或派出推迟会给任务区留下不重视、不专业的印象，因此派出前既要避免盲目宣传与最后无法派出问题，又要避免毫无准备与立即派出的矛盾，时刻准备着。

根据联合国维和行动培训要求，派遣前培训是重要一环。联合国会提供相关维和培训课程，如联合国核心价值观、社区警务、女性与维和等常识课程，此外还有联合国设置的专门针对联合国维和人员安全问题的培训。通过学习，对任务区的建立时间、发展等重点内容进行记忆，读懂弄通任务区警队提供的标准作业程序，了解任务区构成、主要任务、工作岗位、工作流程等内容。充分的派遣前准备，为抵达任务区后在身体疲惫的条件下，短时间熟悉岗前培训内容及未来参加岗位竞聘都具有重要意义。

了解任务区来龙去脉及驻在国历史、文化、国际关系、军事外交政策。每一个任务区都有独特之处，塞浦路斯任务区作为传统任务区历经54年风雨持续存在既有联合国决策层因素也有联塞部队执行层因素；既有国家历史宗教因素，也有国际关系、军事外交因素。飞机着陆前做足功课，有利于迅速掌握任务区工作特点和文化生活，减少安全风险。

《标准作业程序》是任务区的基本操作规范，涉及任务区工作方方面面，对指导任务区工作具有现实意义。此外，需要持续不断加强英语语言练习，特别是口语和听力。无论是参加电话面试，还是抵达任务区后的岗前培训、驾驶考试、人事官面试、分配岗位后尽快适应工作，良好的听力理解能力和流利的口语表达能力是一切的前提和基础，也是树立个人在任务区第一印象的关键因素。

塞浦路斯是地中海气候，夏季干燥严热，最高气温可达40℃以上；冬季温暖湿润，为全年集中降雨期，最冷时可达零下，山区有雪。加强身体锻炼，养成体育锻炼的好习惯，可以更好地履行安全义务。抵达任务区后，出发前准备工作的精力消耗、旅途的疲惫、海量信息的一次性灌输、新环境的不适应以及住所和交通工具的未知状态，甚至开始工作的压力会交织叠加让第一个月相当辛苦和劳顿，因此，没有良好的身体状态，很可能短期就会出现身体状况。

第一，充分了解任务区的艰苦条件。分析最大限度可能遇到的各种困难，积极采取对策，并做好迎难而上的思想准备，要做到既不盲目乐观，也不过分忧虑。塞浦路斯任务区在前期宣传中突出了任务区生活、住宿、医疗卫生、通信等条件好的一面，对于其作为准政治任务区的敏感特点，严谨细致的工作要求、工作内容，及干热的环境气候等具有挑战性的一面鲜有说明，造成个别队员刚刚抵达任务区后，面对右舵驾驶不熟悉导致考试失败时、缺乏思想准备无法胜任基层巡逻工作时、多国语言文化与个性差异带来冲突时、阳光暴晒造成灼伤时、长时间巡逻加上特别行动衔接紧密导致过度劳累等问题时，心情过分低落、沮丧，甚至处于日不能食、夜不能眠的心理崩溃边缘和身体亚健康状态。因此，正确全面了解任务区尤为重要，坚决避免“河山一片大好”的盲目乐观和“前方战火不断”的过分悲观。选择一个任务区就要做好心理准备去应对可能出现的各种问题，要有自己的心理预案，要主动与队友保持良好沟通，寻求各方协助和支持，懂得调整自己的状态。

第二，充分了解个人能力和水平。正确评估自己水平，包括语言、驾驶、处理人际关系等，树立自信，鼓励自己。塞浦路斯任务区以欧洲国家警察为主体，近 70 名警察中亚洲国家警察仅有 9 名，不得不说在语言、文化、宗教等方面共同话题不多，对问题看法迥异，饮食习惯差异明显，容易造成“少数即弱势”的现象。因此，要充分了解、正确评估个人能力，扬长避短，取长补短，发展自己，相信自己，鼓励自己，适时展现自己，用个人魅力树立中国警察良好形象。

第三，了解基本的有关心理调节的科学方法。在无助、挫折、沮丧等情况下尽快摆脱负面情绪影响；在激动、骄傲、取得成绩等情况下激励自己，全面客观看待他人包括队友及外国同事的优缺点，在不违背纪律原则的前提下求同存异，和善待人，积极助人，互相体谅。

二、抵达任务区

（一）岗前培训、注册及驾驶考试

培训及注册时间总共为期 5 天，地点在任务区总部。培训每天课程安排紧凑，需要携带好有关资料，如驾驶证及认证、护照、旅行授权书等。

驾驶培训及考试穿插于 5 天培训期间，所以一定要利用培训间歇的时间，想尽一切办法熟悉车辆、路线、路况及塞浦路斯交通规则。由于该国为右舵驾驶，靠左行车，与国内交通驾驶习惯相反，而任务区对驾驶要求又极其严格，因此驾驶考试是个挑战。培训部门会提前让大家试驾预习场地操作，但时间短暂，且不允许本人驾车在市区道路行驶。第一次驾驶未通过还可补考两次。需要强调的是，该任务区重视驾驶技能，这是能继续在任务区工作的前提条件，如驾驶考试第一次未通过将影响岗位分配，并给自己带来心理压力。

（二）工作分配及租房

培训期间安排了阅读、写作、面试作为分配工作的依据。其中面试环节有任务区正副警监、各战区司令及人事官参加。

就整个任务区来看，首都尼科西亚房价最高，两居室不低于 550 欧元，三居室不低于 650 欧，且房源紧张。租房工作应坚持尽早着手和全面发动的原则。

（三）个人购车和驾驶

在塞浦路斯任务区工作和生活离不开汽车，而任务区禁止公车私用致使维和人员必须自购车辆。当地有大量的二手车市场和银行抵押拍卖车辆，汽车价格从几百欧元到几千欧元不等。前期结束任务回国同事将要卖掉的车可做优先考虑，其次是即将结束任务的其他外国同事的车辆或二手车车辆。购买车辆后，正式驾驶前要买齐保险、办理过户手续、检查车辆检测证书。行驶过程中系好安全带，遵守当地交通法规，保障自身安全。

三、上岗工作

分配岗位后，衔接紧凑，一般要求立即进入工作状态，但会有两三天的熟悉适应过程。通常会安排两个人一起巡逻，由一名有工作经验的同事带领熟悉相关工作流程。每个战区工作岗位包括：战区司令、副司令、队长、民事协调官及助理、巡逻警察。新警报到后开始工作一般从巡逻警察做起。下面以二战区巡逻工作为例简单介绍任务区工作。巡逻工作听似简单，其实在任务区最能体现维和警察综合能力和警务经验。对于其他的任务区，警察岗位种类多，任务区有可能依据个人国内工作经历直接分配到相关岗位，但对于塞浦路斯任务区来说，警察需求量小，警种岗位少而单一，基本就是巡逻工作。这也是该任务区在行动层面与其他任务区的主要区别之一。在工作实践中，驾驶技术、巡逻盘问、案件甄别、现场处置、联络沟通需要良好的警务素养。当然，在熟悉情况后，为丰富个人经历，提高维和素养，应积极参与领导岗位竞争申请。

二战区地处首都尼科西亚，负责横跨首都全境的缓冲区管理，巡逻，案件处置及人员移交、护卫、安保，游行管控等，巡逻任务工作量大、任务艰巨，相对其他战区辛苦许多。

四、工作着装

任务区对于维和警察着装要求比较严格，总警监官方信件多次重申工作期间着装问题。因夏季天气炎热或活动不便等原因而着装不规范会给母国和联合国形象带来负面影响。工作期间除在室内、车内均要佩戴贝雷帽，特别是在缓冲区内。

五、巡逻准备

一般警局内勤会提前制订好巡逻计划，通过手机下发至每个人。除特殊行动任务外，如游行护卫任务，一般情况巡逻分两班：早班从上午 7 点到下午 3 点；晚班自下午 2 点到晚上 10 点。个别时候也有调整，比如和军方一起进行“反狩猎（Anti－hunting）行动”时。当班人员应提前 5 分钟到达办公室开始准备工作。到达办公室后依据巡逻任务书（背面附有常用工作联络电话）准备好自己和搭档的头盔、手台、GPS 定位仪、数码相机、值班手机及巡逻车钥匙，并填写办公室内巡逻登记表。以上准备内容连同巡逻任务书一并带至车内。

六、巡逻程序

巡逻前，携带必备用品，夜间巡逻尽量携带照明工具。

（一）核查

驾车前首先应围绕车辆查看有无损伤，发现问题及时解决。如车辆一切正常，填写行车登记表（Trip ticket），共需要填写两张，一定要填写驾驶员信息，因为任务区军警有时会检查填表内容。此外，还要查验车内是否有车辆保险单、车辆保养手册、车辆加油卡、进入缓冲区大门的万能钥匙、联合国旗帜等。

（二）驾车

巡逻的关键就是驾驶，除了道路崎岖不平、狭窄不一，最重要的是行车一定符合任务区驾驶 SOP，这样即使出了问题，也不会承担责任。任务区（Military Police）会不定期检查车辆及驾驶员情况，查看维和人员情况，是否遵守有关规定，证件资料是否携带齐全等。

（三）巡逻规范

进入缓冲区后，首先要用电台向联合行动协调中心报告（JOC 或 TOC）。此外，与军方联合巡逻（JMP）时有发生，特别要注意：一是提前 5—10 分钟抵达汇合地点，如超时 10 分钟以上对方仍未到场，可通过电台或工作手机联系 JOC 确认联合巡逻是否取消或更改；二是双方见面后，一般会约定军方或警方在前带路，另一方跟随以及联合巡逻结束地点和时间；三是要询问并记录军方呼号，以便在报告中填写。

进入缓冲区前，要将联合国旗帜插于车外，离开缓冲区前要取下联合国旗帜；经过每个联合国观察哨时要求电台报告位置；进入尼科西亚老机场区域巡逻需打开双闪；接近检查点大门哨兵，应减速，关闭大灯，夜间巡逻还要开启车内灯光，主动出示 ID 卡。

在巡逻期间，要保持与同伴的良好沟通，比如路线、就餐方式、谁负责驾驶、谁负责写报告等。特别是两个人以上同车巡逻时，会有很多矛盾面对，但这也是对于如何与国际同事良好合作的一种锻炼。

（四）巡逻结束

巡逻结束后，返回单位停车场，完成车内表格填写（如返回时间、结束里程、签字等），关闭车灯、车载电台，携带出发前有关设备，返回办公室后填写返回时间，并签字。

七、事件处理

（一）事件类型

确保驾驶安全符合规范的情况下，处理缓冲区案件是巡逻的主要目的。缓冲区内常见的案件主要有：非法入侵（最常见）、非法耕种、非法放牧、非法砍伐、非法狩猎、非法倾倒垃圾、非法搭建以及其他需要报告的情况。除非法狩猎、非法倾倒垃圾及非法搭建外，非法与合法之间的差别就是从事以上工作的人需持有任务区签发的许可证，进入缓冲区的车辆需要在任务区登记的车辆名单上。联合国颁发常见四类缓冲区许可证：一类是种植类许可，有效期最长 24 个月，绿色；二类是工作许可，有效期 3—12 个月，粉色；三类是放牧许可，有效期 3—12 个月，粉色；四类是进入或其他类许可，有效期 1 周至 12 个月，白色。两种联合国出具的缓冲区许可：绿色许可证；白色为其他类许可。

（二）处理原则

处理缓冲区案件一般坚持五个原则：一是礼貌、平和原则与不强制原则。与涉事人员接触，要礼貌、平和，言辞委婉，不可强硬，记住在该任务区维和警察没有执法权，即使是在缓冲区。遇有入侵事件，如散步人员、遛狗人员、自行车骑行者等危害不大的情形，主动打招呼，说明缓冲区未经许可不得入内，劝离以上人员即可，甚至可以不必记录。二是安全、监督、观察、报告原则。任务区警察的工作不存在暴力授权，即使遇到严重的违法行为，首先在保证自身安全前提下，注意观察，监控现场形势，并将看到的客观情况如实报告联合行动协调中心（JOC 或 TOC）。如形势严峻，威胁自身安全，迅速撤离。三是非联合国人员禁止入内原则。特别是着制服人员禁止进入缓冲区。如果案件需要当地警察进入配合处理，一定要告知其着便衣，驾驶民用车辆（非制式警车），在维和警察护送下进入缓冲区和离开缓冲区。四是及时客观报告原则。特别是在晚上值班时，一旦接到联合行动协调中心的通知，需要抵达缓冲区内某现场，一定要询问清楚情况，到现场了解状况后再报告。五是"5W + 1H"原则，即要详细记录事件发生的时间、地点（应有描述和坐标）、现场涉及的所有人员（包括军警、联络官、涉事人员等）、事件及处置经过。关键人员信息务必详细，如姓名、性别、证件号、住址、照片等。为此，巡逻时可随身携带一个本和笔方便记录。

（三）撰写及提交报告

塞浦路斯任务区巡逻报告使用联合国的 SAGE 系统平台。

巡逻报告撰写注意以下几点：一是报告人所属战区、报告描述、事件号码、发生日期（报告日期不用填写，系统自动生成）、种类、报告人、发生地坐标等为必填项，即一般巡逻未发生特别事件时，以上选项必须填写。当发生某些事件比如入侵事件时，一般还要附加现场照片等细节描述。二是报告主题描述是重点，注意语言准确、规范、客观、简练，不要出现主观性词汇，也不要出现敏感表述用语错误，时刻注重语言中立，规避敏感词语。任务区有专门文件对此类问题进行汇总比较，抵达任务区后的岗前培训也有相关课程。

三是巡逻报告分类中的工作内容选项必须准确，这也是战区副司令在审批报告时关注的重点，一般说来在没有特殊事件发生时，分类原则如下：有关反狩猎、非法伐木、倒垃圾、入侵、种植等巡逻工作以及以前发现的事件再次巡逻监控进行后续报告时，特别是在缓冲区发生上述事件时。

（四）车辆检测

该任务区规定，所有公务车辆每半年必须到总部的交通管理部门进行一次车辆检查。届时，管理部门会提前通知到各警局司令或队长处，各单位一般会根据车辆数量安排相应人员驾车去总部进行车辆检测。提前了解其中一些流程和注意事项会让联合国维和人员在巡逻中更加安全。

小　结

塞浦路斯任务区作为联合国传统任务区迄今已经存在 54 年时间，由于其接近政治任务区的特征，维和行动开展相对单一，从目前来看，维和警察的工作主要是缓冲区巡逻、报告及与缓冲区相关事件的协同和处置，与其他任务区相比，体现维和警察业务能力的平台较少，因此，任务区高层及各国维和警察有充足的时间和精力关注每个人的工作细节，比如着装问题、与他人合作问题等，甚至于工作上的小纰漏、小失误。可以说塞浦路斯任务区礼节多、要求多，工作内容单一，所以要特别注意细节、小事，工作要细致，讲话要严谨。

第八章　南苏丹安全问题及风险管理

2018 年 9 月 12 日，南苏丹冲突各方在埃塞俄比亚首都亚的斯亚贝巴签署最终和平协议（即《重振协议》），决定在未来 8 个月内成立一个为期 3 年的新过渡政府，南苏丹政府与反对派武装的大规模冲突基本停止，但与未签署协议的党派（如“救国阵线”“联合阵线”等）的武装冲突仍时有发生。根据协议，组建过渡政府的截止期限为 2019 年 5 月 12 日。2019 年 5 月 3 日，南苏丹各派政治力量认定在面临财力、时间限制等诸多挑战的情况下，组建过渡政府的准备不充分，因而决定延长过渡期至 2019 年 11 月 12 日。而在临近 11 月 12 日时，南苏丹政府再次延期 100 天组建过渡政府，南苏丹和平进程在 2019 年再次停滞。但也能看到，冲突各方已厌倦战争，在 11 月 12 日这个关键节点前纷纷按照《重振和平协议》的要求采取了相应的政治行动。

一、安理会授权和联合国南苏丹特派团历史沿革

（一）南苏丹特派团成立

南苏丹共和国的诞生是六年和平进程的成果，该进程始于 2005 年 1 月 9 日苏丹政府与苏丹“人民解放运动”（SPLM）签署《全面

和平协议》，结束了20多年的战争。

联合国苏丹特派团（联苏特派团）签署了《全面和平协定》，承诺在苏丹政府和苏丹“人民解放运动”设立的过渡时期内，全面支持《全面和平协定》的执行。在此过渡期结束后，南苏丹随即于2011年7月宣布独立。安理会于2011年7月8日通过了第1996（2011）号决议，设立了一个新特派团，即联合国南苏丹特派团（南苏丹特派团，UNMISS）。联合国苏丹特派团（联苏特派团，UNMIS）的任务于同日结束。

（二）南苏丹特派团的前期发展

2012年7月5日，安理会通过了第2057（2012）号决议。该决议认定南苏丹面临的局势继续对该区域的国际和平与安全构成威胁，南苏丹特派团的任务期限延至2013年7月15日。决议确认保护平民和改善安全情况是南苏丹特派团的优先任务，敦促南苏丹特派团据此部署其资产，强调南苏丹特派团需要适当关注这方面的能力建设工作，制定保护平民战略和预警、早期应对战略并执行这些战略。

2013年7月11日，安理会通过第2109（2013）号决议。该决议决定将南苏丹特派团的任务期限延至2014年7月15日，确认保护平民和改善安全情况是南苏丹特派团的优先任务，敦促南苏丹特派团据此部署其资产，强调南苏丹特派团需要适当关注这方面的能力建设工作，制定保护平民战略和预警、早期应对战略并执行这些战略，强调南苏丹特派团保护平民的任务包括采取必要行动，在平民人身随时可能遭受暴力威胁时对其进行保护，无论这种暴力来自何方，强调特派团必须努力支持和平解决冲突，将其作为在开展危机管理活动同时执行的任务的一部分。

南苏丹特派团的加强。2013年12月15日，南苏丹首都朱巴爆发暴力事件，并迅速蔓延到该国其他地区，造成了全国性的严重政治和安全危机。由于对特派团在危机中的作用的误解，政府和南苏丹特派团之间的关系逐渐紧张。南苏丹特派团自由行动的能力日益受到阻碍。在几个邦首府组织了针对联合国的示威活动。

当冲突在朱巴爆发并蔓延到整个上尼罗地区时，成千上万的平民逃离到位于首都朱巴以及其他地方的联南苏丹特派团基地寻求庇护。如此众多的平民涌入联合国驻地并在此定居，这带来了前所未有的挑战，并给特派团的资源造成巨大压力。南苏丹特派团努力确保其基地内保护区的安全，并与人道主义组织合作，向流离失所者提供足够的援助。同时南苏丹特派团受到南苏丹政府部队、反对派部队和其他武装组织对联合国人员和设施的袭击，造成了一定的人员伤亡和财产损失。

2013 年 12 月 24 日，安理会通过第 2132（2013）号决议，确认南苏丹局势继续对该区域国际和平与安全构成威胁，呼吁立即停止敌对行动并展开对话，要求所有各方充分配合南苏丹特派团执行任务，特别是保护平民，并强调破坏南苏丹特派团执行任务能力的企图和袭击联合国人员的行为是不可容忍的。安理会核准了秘书长关于临时增加特派团军事人员和警察人数的建议。南苏丹特派团的临时维和部队人数增加到 12500 人，维和警察增加到 1323 人，包括适当的成建制的警察部队。此外，授权秘书长采取必要步骤，协助特派团之间的合作，以安理会进一步审议为条件，协助增援部队的组建，并授权为了及时达到所需总兵员上限内的兵力和警力水平，适当从其他特派团，特别是联刚稳定团、达尔富尔混合行动、联阿安全部队、联科行动和联利特派团抽调部队，增强军力和战斗力的手段，但须征得部队派遣国的同意，且不妨害这些联合国特派团执行任务。安理会及时批准了南苏丹特派团军事和警察部门的增兵，在增强特派团拯救生命和保护平民免受进一步伤害的能力方面发挥了关键作用。

2014年5月27日，安理会一致通过第2155（2014）号决议，确定南苏丹特派团的任务，并授权南苏丹特派团采取一切必要手段完成以下任务：保护平民；监测和调查人权情况；开展斡旋，建立信任和提供便利，为开展人道主义援助创造条件；支持执行停止敌对行动协议，为设立的伊加特（IGAD）监测和核查机制提供机动和专用的定点安保，向停止敌对行动协议所述监测和核查机制的工作提供支持。

2014年11月25日，安理会通过第2187（2014）号决议，决定将南苏丹特派团的任务期限延至2015年5月30日，确定南苏丹特派团的任务，并授权南苏丹特派团采取一切必要手段完成以下任务：保护平民；监测和调查人权情况；创造必要的安全条件，进行斡旋，建立信任和提供方便，为人道主义援助创造条件，确保联合国人员和联合国有关人员的安全和行动自由，确保所需设施和装备的安全；协助执行停止敌对行动协议，为伊加特监测与核查机制提供流动安保和专项固定场地安保，并为停止敌对行动协议所述的监测与核查机制工作提供支持；强调必须在决定如何使用特派团内部现有能力和资源时优先考虑保护平民；决定南苏丹特派团的军事人员最多为12500人，维和警察最多1323人；民事部门将根据任务进行缩减。

2015年5月28日，安理会通过第2223（2015）号决议，决定将南苏丹特派团的任务期限延至2015年11月30日，确定南苏丹特派团的任务，并授权南苏丹特派团采取一切必要手段完成以下任务：保护平民；监测和调查人权情况；创造必要的安全条件，进行斡旋，建立信任和提供方便，为送交人道主义援助创造条件，确保联合国人员和联合国有关人员的安全和行动自由，确保所需设施和装备的安全；协助执行停止敌对行动协议，为伊加特监测与核查机制提供流动安保和专项固定场地安保，并为停止敌对行动协议所述的监测与核查机制工作提供支持；强调必须在决定如何使用特派团内部现有能力和资源时优先考虑保护平民。

2015 年 10 月 9 日，安理会通过第 2241（2015）号决议，决定将南苏丹特派团的任务期限延至 2015 年 12 月 15 日，确定南苏丹特派团的任务，并授权南苏丹特派团采取一切必要手段完成以下任务：保护平民；监测和调查人权情况；创造必要的安全条件，进行斡旋，建立信任和提供方便，为人道主义援助创造条件，确保联合国人员和联合国有关人员的安全和行动自由，确保所需设施和装备的安全；协助落实监测与核查机制，及停火、过渡期安全安排监测机制，为监测与核查机制和接替它的停火、过渡期安全安排监测机制的工作提供支持，包括为伊加特监测与核查机制，及停火和过渡期安全安排监测机制提供流动安保和专项固定场地安保；协助执行《关于解决南苏丹共和国冲突的协议》，积极参加联合监测和评价委员会的工作；在决定如何使用特派团内部现有能力和资源时，必须优先考虑保护平民；决定维持南苏丹特派团的总兵员，包括一个最多有 12500 人的军事部门和一个最多有 1323 人的维和警察部门。

2015 年 12 月 15 日，安理会通过第 2252（2015）号决议，决定将南苏丹特派团的任务期限延至 2016 年 7 月 31 日，决定把南苏丹特派团最高兵员增至 13000 名官兵和 2001 名警务人员（包括维和单警、防暴警察和 78 名惩戒干事），要求秘书长采取必要步骤加快部队和资产的组建，确定南苏丹特派团的任务，并授权南苏丹特派团采取一切必要手段完成以下任务：保护平民；监测和调查人权情况；与人道主义行动者密切协调，协助为人道主义援助创造有利的安全条件，协助建立信任和提供方便，为运送人道主义援助创造有利条件；协助执行《关于解决南苏丹共和国冲突的协议》；在决定如何使用特派团内部现有能力和资源时，必须优先考虑保护平民。

2016 年 7 月 29 日，安理会通过第 2302（2016）号决议，决定把第 2252（2015）号决议规定的南苏丹特派团的任期延长到 2016 年

8月12日，授权南苏丹特派团采取一切必要手段来完成任务。2016年8月12日，安理会通过第2304（2016）号决议，决定把第2252（2015）号决议规定的南苏丹特派团的任期延长到2016年12月15日，授权南苏丹特派团采用一切必要手段来完成任务；决定南苏丹特派团应有一支区域保护部队，初步任期至2016年12月15日。该部队接受南苏丹特派团部队总指挥官的指挥，驻扎在朱巴，负责保障朱巴及其周围地区的安全，包括支持永久停火和过渡安全安排讲习班的成果，并在极端情况下根据需要在南苏丹其他地区这样做，强调指出区域保护部队将在严格遵守国际法、国际人道主义法的情况下，不偏不倚地执行任务；强调区域保护部队有一个明确的根据具体情况的撤出战略；决定把南苏丹特派团最高兵员增至17000名官兵，其中包括区域保护部队的4000人。

2016年12月16日，安理会通过第2327（2016）号决议，决定将南苏丹特派团的任务期限延至2017年12月15日；决定增加南苏丹特派团部队总人数，维持最高兵员17000人，包括4000名区域保护部队人员，将最高警员人数增至2101人（包括维和单警、防暴警察和78名惩戒干事）。确定南苏丹特派团的任务，并授权南苏丹特派团采取一切必要手段完成以下任务：保护平民；监测和调查人权情况；与人道主义人员密切协调，为人道主义援助创造有利的安全条件，协助建立信任和提供方便，为人道主义援助创造有利条件；协助执行《关于解决南苏丹共和国冲突的协议》；在决定如何使用特派团内部现有能力和资源时，必须优先考虑保护平民。

2017年12月14日，安理会通过第2392（2017）号决议，决定将第2327（2016）号决议规定的南苏丹特派团任务期限延至2018年3月15日，并授权南苏丹特派团使用一切必要手段执行任务。2018年3月15日，安理会通过第2406（2018）号决议，决定将南苏丹特派团的任务期限延至2019年3月15日；决定维持南苏丹特派团部队总人数，兵力上限为 17000 人，包括一个区域保护部队，部队人数由秘书长确定，但不得超过 4000 人，还决定将警力上限维持在 2101 名警察（包括维和单警、防暴警察和 78 名惩戒干事），在此基础上对南苏丹特派团包括其区域保护部队做出必要调整。确定南苏丹特派团的任务，并授权南苏丹特派团采取一切必要手段完成以下任务：保护平民；为运送人道主义援助创造有利条件；监测和调查人权情况；支持执行《关于解决南苏丹共和国冲突的协议》与和平进程。

2018 年 7 月 13 日，安理会通过第 2428（2018）号决议，强调了南苏丹特派团的作用，重申第 2406（2018）号决议中南苏丹特派团的任务，特别是关于监测、调查、核实并报告侵犯践踏人权和违反国际人道主义法的行为，鼓励南苏丹特派团与制裁委员会/专家小组及时交流信息，并请南苏丹特派团在其任务和能力范围内协助制裁委员会和专家小组的工作。

（三）当前南苏丹特派团的安理会授权

2019 年 3 月 15 日，安理会通过第 2459（2019）号决议：将南苏丹特派团的任务期限延至 2020 年 3 月 15 日。维持南苏丹特派团部队总人数，兵力上限为 17000 人，包括一支不超过 4000 人的区域保护部队；决定将警力上限维持在 2101 名警察，包括维和单警、成建制防暴警察和 78 名惩戒干事；要求秘书长采取必要步骤，加快部队和资产组建；要求秘书长在《解决南苏丹共和国冲突重振协议》（以下简称《重振协议》）各方就永久安全安排进行谈判之后安理会考虑根据实地安全状况，对包括其区域保护部队在内的南苏丹特派团做出调整。

安理会授权南苏丹特派团采取一切必要手段开展以下工作：保护平民，在特派团能力范围内保护部署区内受到人身暴力威胁的平民，无论这种暴力来自何方，特别保护妇女和儿童；制止针对平民，包括外国国民的暴力，在冲突易发地区，特别是在南苏丹政府无法或未提供保护时，预先进行部署，积极开展巡逻，查明针对平民的威胁和袭击，定期同平民保持沟通，并与人道主义组织、人权组织、民间社会和发展组织密切合作；实施全特派团预警战略，包括采用协调一致的方法来开展情报收集、监测、核查、预警和传播工作及建立应对机制，包括应对针对平民而侵犯践踏人权或违反国际人道主义法行为的威胁和袭击的机制，并为联合国人员和设施可能进一步遭受袭击做好防范准备；维护南苏丹特派团平民保护点和保护点内的公共安全和安保；在特派团能力范围内阻止和预防任务区内发生性暴力和性别暴力；开展斡旋、建立信任并提供协助以支持特派团的保护战略，特别是在保护妇女和儿童方面，包括通过调解和社区参与等方式，协助预防、缓解和解决族群间冲突，以便在地方和国家一级促进持久和解；协助境内流离失所人员和难民返回家园或重新安置他们，提供侵犯践踏人权行为方面的技术援助或咨询，从而加强对平民的保护；为境内流离失所人员和难民返回家园或者重新安置提供便利。

为开展人道主义援助创造有利条件。与人道主义组织密切协调，为协助开展人道主义援助创造安全、有利的条件，让救济人员快速和安全无阻地及时开展人道主义援助，尤其是向境内流离失所者和难民提供援助；确保联合国人员及相关人员的安全和行动自由，确保执行授权任务所需设施和设备的安全。监测和调查人权情况。监测、调查、核实并报告侵犯践踏人权和违反国际人道主义法的行为，包括可能构成战争罪或危害人类罪的行为；落实有关监测、分析和报告冲突中性暴力问题，加强对侵害和虐待儿童行为的监测和报告机制，监测、调查、核实和公开报告侵害和虐待儿童和妇女的行为，包括武装冲突中一切形式的性暴力和性别暴力行为；与联合国防止灭绝种族罪行特别顾问合作，监测、调查和报告发表仇恨言论和煽动暴力事件；监测、调查和报告违反国际人道主义法和侵犯践踏人权行为，与相关国际、区域和国家机制进行协调，与它们共享有关信息并为其提供技术支持。

支持执行《重振协议》及和平进程。通过斡旋支持和平进程，包括提供咨询或技术援助；参与并支持停火和过渡期的监测和核查机制，安全执行停火监测和核查任务，全面有效地查明违反行为的责任人；积极参与并支持重组后的联合监测和评价委员会的工作。

二、联合国南苏丹特派团组织架构及部署情况

联合国南苏丹特派团是一个集政治、民事、军事、警察等职能于一体的多维任务特派团。截至 2019 年 11 月，有来自全球 55 个出兵国，超过 17000 万名军事人员，1700 多名警察，以及大量联合国民事人员、志愿者等在特派团工作，总人数以及整体规模目前在联合国所有任务区中位列第一。所有人员统一在联合国秘书长特别代表（SRSG）的领导下开展工作。①

（一）主要领导

秘书长特别代表（SRSG）与两名副特别代表共同开展工作。一名副特别代表（分管政治工作）穆斯塔法·索莫尔（Moustapha Soumaré），马里人，主要分管联合国南苏丹特派团政治事务工作，历任联合国刚果（金）特派团副特别代表、联合国黎巴嫩特派团副特别代表等职。另一名副特别代表（分管人权/属地工作）主要分管

① 数据来源于 2019 年 11 月联合国官方网站。

联合国南苏丹特派团人权及属地协调工作、警察总监、部队总司令。

（二）组织架构

秘书长特别代表为联合国南苏丹特派团最高领导，下设安全管理部、特别顾问处、纪律监管办公室、媒体办公室及新闻发言人、总幕僚长、部队司令部、副特别代表（分管政治工作）、副特别代表（分管人权/属地工作）和任务区保障部。

1. 直属机构

安全管理部：主要负责任务区联合国工作人员的安全保卫工作，包括安全风险等级评估转换、制订安全应急计划、日常营区安保管理等等；特别顾问处；纪律监管办公室：主要负责宣传和监管联合国工作人员行为，保障纪律落实，接收举报反馈等；媒体办公室：主要负责整个任务区的新闻发布管理、形象管理、公共信息管控等。

2. 主要机构

特派团事务部（民事总幕僚长领导）：下辖联合作战中心、联合任务分析中心、战略规划办公室、保护平民办公室、法律事务办公室、政策研究办公室、区域保障办公室（同时下辖10个属地指挥部）。

（1）副特别代表（分管政治工作）。下辖政治事务部、民事事务部、法律顾问小组、人权事务部、通联宣传部。（2）警察总监（管理任务区所有警察）。共有来自43个国家的警察在特派团工作。有超过1000人的防暴警察部署在任务区，主要职责是贯彻落实特派团使命任务，帮助支持当地警察系统，以及POC大量协调工作，保障维持POC安全稳定。（3）副特别代表（分管人权/属地工作）。下辖解武、复员办公室、性别保护办公室、儿童保护办公室、预防艾滋疾病办公室。（4）任务区保障部（由1名部长统一领导）。保障部直属单位包括：任务区保障中心、航空安管中心、董事会和委员会。

主要机构包括：信息通联部、人力资源办公室、财务办公室、志愿者办公室、联合任务训练中心、绩效管理中心、地区行政办公室；后勤服务部，主要开展工程、健康、福利、咨询等工作；后勤管理部，主要下辖采购部、航空部、物流部、仓库等。

3. 军事部门组织架构

军事总司令部位于南苏丹首都朱巴西南部，与特派团其他民事机构组成超级营地（UN House），主要职责是为贯彻落实特派团使命任务提供一系列的支持和保障，例如保护平民、为联合国相关机构开展人道主义救援行动提供武装保护、与南苏丹政府军与反对派武装人员积极协商落实停火协议等。总司令部下辖 6 个战区，分别为东战区、西战区、南战区、北战区、朱巴战区和尤尼提战区。

部队总司令为 1 名中将，任期 2 年，由联合国纽约总部任命。副总司令为少将，总参谋长为准将，各个战区司令为准将。

（1）人事处（U1）主要负责军事人员人力资源管理、行政、福利等工作。（2）情报处（U2）主要负责收集、分析、分发军事情报信息，与各部门紧密协调，为司令部军事决策提供有效支撑。（3）作战处（U3）主要负责计划、协调任务区内各种陆地、空中、内河等军事行动。通常下辖当前行动处、未来行动处，当前行动处主要负责协调过去 24 小时、当前 24 小时、未来 24 小时的军事行动；未来行动处主要负责协调 48 小时之后 60 天之内的军事行动。（4）后勤处（U4）主要负责任务区后勤协调工作，以及辅助军事决策。（5）计划处（U5）主要负责计划协调 60 天之后的军事行动，起草修订各种作战命令、战略规划等等。（6）通信处（U6）主要负责保障任务区军事人员通信，协调民事部门进行通信设备保障维护等工作。（7）训练处（U7）主要负责任务区内所有军事人员的训练、评估等工作。（8）工程处（U8）主要负责任务区工兵部队的装备、工程以及设备协调。（9）军民协调处（U9）主要负责与任务区各个民事机构、非政府组织等进行联络沟通，从而完善军事行动的针对性和有效性。

4. 警察部门组织架构

联合国南苏丹特派团维和警察总部位于南苏丹首都朱巴，总部有行动部门、纪律检查部门、社区警务部门、后勤部门、财政计划部门等，同时下设10个地区办公室，其中拥有难民营的朱巴、本题坞、马拉卡、波尔、瓦乌五地被称为“红州”；阿维尔、延比奥、伦贝克、托里特以及科瓦乔克等没有难民营的地区办公室被称为“绿州”。

联合国南苏丹特派团维和警察目前主要任务仍集中于难民营，开展社区警务、巡逻、搜查以及案件评估等任务。任务区目前正在开展评估与咨询行动（Technical Assessment and Advisory，TAA），也被称之为能力建设的前期准备工作。

三、难民营现状及维和警察面临的危险

南苏丹任务区现有难民营8个，其中朱巴2个、马拉卡2个、本题坞1个、波尔1个、瓦乌2个，总计登记难民209662人，其中最大规模的是本题坞难民营，登记在册难民数量为112140人，① 占南苏丹总计难民数量的一半以上。联合国难民营的设立，对制止南苏丹内战，预防种族屠杀，及时提供人道主义等方面起到了非常积极的作用，在国际上也得到了非常高的赞誉，但难民营刑事案件高发以及无法去军事化的性质严重影响了维和警察的工作。

以朱巴难民营为例：

第一，身份登记制度缺失。南苏丹全境身份管理已经崩溃，没

① 数据来源于UNHCR以及IOM，截至2019年11月。

有身份证管理体系，在难民营这样的现象更加严重。新难民进入时，维和警察只能根据其携带物品特征进行判断其是否是新来的难民，然后进行口头询问，确认其是新难民后，维和警察将通知一个叫技术合作与发展署（agency for technical cooperation and development，ACTED）的非政府组织对其进行登记，然后等待分配住房和食物分配份额，但是，并没有任何组织对新难民的身份管理做进一步的跟进工作。

由此带来的管理漏洞非常大。一是无法精确打击犯罪，因为没有身份信息，每当抓获临界于成年与未成年年龄的犯罪分子时，许多成年人便谎称自己未满 18 岁以逃避处罚。根据规定，如二次犯罪的，将被驱逐出难民营，因此一些二次犯罪的难民就会谎报一个假名字，以逃避被驱逐的处罚。就算是已经被驱逐的难民，他们仍然可以随时回到难民营，因为出入无需身份登记，执勤警员很难从面部辨认出该人是否系被驱逐的犯罪分子。二是食物分配混乱。每一个新进入的难民都会得到一张食物分配券，但当他离开时却无需上交该券，长此以往，有的难民手上会拥有多张食物分配券，在食物分配日可以领到多份食物，他们将这些多余的食物带出难民营销售给当地人以牟利。难民营的自治组织（community watch group，CWG）便在出入口设置卡点，向这些出售粮食的难民收取费用或者禁止其将粮食带出难民营，很多时候双方就会爆发冲突，给执勤维和警察的正常勤务带来压力。三是无法掌握具体的难民数量。

第二，没有运用科技手段。在南苏丹有些科技手段如视频监控、无人机等均被现任政府认定为可能作为间谍工具而被禁止。加上难民们可能会肆意破坏，难民营内部没有一个视频监控设施，也从来没有无人机、执法记录仪、行车记录仪等设备被用于难民营内部管理。

第三，自治组织权力过大。据有关信息显示，在难民营寻求庇护的男性大部分带有军事背景，据不完全统计，难民营中30%的成年男子曾参加反对派武装或为反对派武装提供帮助。其自发组成的难民营管理委员会（camp management chairman，CMC）及社区守望组织（camp watch group，CWG）在难民营内有非常大的自治权，至于社区应急反应组织（camp emergency response team，CERT）则是完全按照军事组织的体系来运行的，所以其至今仍未得到联合国的公开承认。

在这样的环境下，造成对联合国的挑战，使其内部各组织之间合作并不顺畅，名义上难民营管理委员会和社区守望组织都要主动无条件与维和警察合作，但是出于其自身利益，往往是合作少，对抗多，采取阳奉阴违的消极态度。

第四，联合国投入力量薄弱。朱巴地区联合国警察编制为131名，截至2019年11月，实际在编只有108人，其中用于难民营一线执勤的警员只有55人，其余警力分布在各专业队、指挥中心等。除去休假的，总共实际在岗的只有79人，其中在难民营执勤的有44人，这44名警员还要分成早、中、晚三班，也就是说，每个班在难民营执勤的警员数量在15人左右。这15人散布在如此庞大难民数量的难民营内，能够勉强维持其基本秩序，已经相当不易了。①

而且，联合国是民事主导的机构，民事人员占据了整个任务区的决策层，但是他们中的绝大多数人连一次难民营都没有进去过，对警察、军队的结构和指挥体系也不是十分了解，推动难民营管理工作的难度可想而知。

第五，违反武器禁区事件高发。武器禁区（weapon free zone，WFZ）是在2016年7月冲突后于2016年11月21日在朱巴难民营外建立的，其范围是联合国难民营外200米的区域，由联合国维和部

① 数据截至2019年10月。

队 24 小时不间断巡逻。自其建立以后，对维护难民营外部秩序，保护难民生命财产安全起到了极大的作用。

第六，难民营内部犯罪高发。一是难民营中盗窃、抢劫、打架、故意伤害和聚众斗殴是常见的暴力刑事案件，由于维和警察在南苏丹没有执法权，不能对这些犯罪分子做直接的处罚，而发生在难民营的刑事案件又不能直接移交给当地警方，所以这些案件常年屡禁不止；二是违禁物品大量存在，难民营内帮派林立，私藏违禁品等非法行为的案例屡见不鲜，维和警察每天都要进行两次例行随机搜查，每月要进行一次大规模的军警联合合围式搜查，目的就是要查获违禁品，打击犯罪，消除难民营内部的不稳定因素；三是袭击维和警察案件高发，特别是在处置群体性事件以及搜查行动中，维和警察受伤情况屡见不鲜。

四、维和行动形势预测

第一，和平进程可能会再次拖延。自 2018 年 9 月 12 日，南苏丹冲突各方签署《重振协议》以来，到 2019 年 5 月 12 日 8 个月的过渡期结束，和平进程推进速度缓慢，特别是新和平协议中的第二章“永久停火与过渡期安全安排”中提出的明确目标，没有一项达成。经过多年战乱，南苏丹国内政治、经济、社会发展等长期处于停滞状态，想要重新走上正轨，确实需要一段时间的自我修复，而南苏丹冲突各方缺乏外部压力和自我动力。2019 年 5 月 3 日，南苏丹政府与反对派在邻国埃塞俄比亚举行闭门磋商，同意暂缓落实和平协议中多个关键步骤，例如组建过渡性联合政府，并表示南苏丹各派政治力量认定在面临财力、时间限制等诸多挑战的情况下，组建过渡政府的准备工作尚不充分，因而“一致同意将过渡期前的准备阶段再延长 6 个月，从 2019 年 5 月 12 日算起”。

2019 年 11 月 12 日，过渡期在各派争吵中再次延长 100 天，由于和平进程一再推迟，国际社会对于南苏丹和平进程的缓慢推进非常不满，已经有很多国家和国际组织，甚至有的党派也开始对“是否能实现永久和平”这个问题产生疑问，民众“想和平、为和平、真和平”的信念基础已经开始动摇。

究其原因，有以下几点必须得到妥善解决，否则南苏丹和平进程将再次拖延。

一是州的数量以及边界划分。南苏丹本有 10 个州，2015 年，反对派提出 21 个州的划分要求，但政府并未同意。该项决议将阻碍和平进程。但在 2015 年 10 月，政府突然宣布成立 28 个州（后来增加到 32 个），反对派称南苏丹政府严重违反承诺。因为州和边界划分直接影响到未来大选结果。

二是部队融合。军事一直是政治协商的最重要环节，作为《重振和平协议》的重要议程，部队人员注册以及融合有部分实质性进展，大部分军事人员已经在 11 月 12 日前完成了人员注册，并按照要求入驻了所规划的 35 处兵营。但由于兵营缺乏基础设施，也缺少粮食以及补给，目前已有消息称有部分注册的士兵已经返回难民营。就此项来说，目前仍是南苏丹冲突各派必须解决的问题。

同时，像“救国阵线”和“团结阵线”这样没有纳入或者没有签署《重振协议》的组织和武装力量可能会在未来一段时间对安全形势造成袭扰，但是就其武装力量对比而言，对南苏丹政府不会形成致命影响。

三是安全安排。反对派一直宣称朱巴目前的安全部队、军队和警察已经高度种族化，对反对派领导人马歇尔返回朱巴造成了很大的威胁。反对派称要派遣更多的安全武装部队前往首都朱巴以保护反对派领导人马歇尔。同时也有人称，可以动用联合国武装力量作为过渡时期的安全部队，此议题若得不到妥善解决，和平进程仍会停滞不前。

第二，爆发大规模冲突的可能性进一步缩小。自 2016 年“7·8 事件”后，由于反对派领导人马歇尔从朱巴至耶伊的道路逃跑，近 1000 名跟随的反对派士兵散落在中赤道州地区，同时由于汤马斯·西里络的叛变（现任“救国阵线”领导者）和其他武装的成立，使这一地区成为南苏丹最乱的地方。目前存在武装实力的至少包括：政府军、马歇尔派军队、“救国阵线”、“国家变革运动”和其他武装组织等。这一地区丛林密集，当地部族对丁卡族有敌意，使得这些反政府武装存在良好的群众基础，兵力有限的政府军对其很难清缴干净。南苏丹政府在此地区的一个重要工作是防止反对派武装进入朱巴，尽最大努力将冲突限制在朱巴外围。从目前的局势来看，政府军虽然控制了朱巴至耶伊地区的主干道，但是依旧有反对派武装渗透进入朱巴城区外围，不断试探政府军防线。

2018 年 12 月至今，“救国阵线”节节败退，目前已被政府军以及反政府军打退至南苏丹和刚果金边界处，其威胁已逐渐减小。同时，位于阿维尔地区的南苏丹“团结阵线”武装人员数量与政府军不在一个数量级，造成大规模冲突的可能性不大。

第三，南苏丹经济将进一步回升。南苏丹经济以第一产业为主，且严重依赖石油，石油收入约占其国内生产总值的 60% 和政府财政预算的 98%。除石油业外，南苏丹的国民生计基本集中在农牧生产，全国约 85% 的人口从事非工资工作，78% 的人口从事低生产力的工作。南苏丹的产业基础较为落后，重工业薄弱，多以农产品加工业为主。工业制造品、精炼和运输设备、药和化学制品、纺织品、食品和粮食等匮乏，严重依赖进口。受冲突的影响，近几年南苏丹的 GDP 年增长率持续下滑，2013 年为 13.13%，2014 年急剧下降为 3.374%，2015 年更是跌至 −6.35%。战争造成的石油大幅减产及国际油价的急剧下跌，导致石油收入锐减，使南苏丹陷入了经济和财政困境。

南苏丹石油部 2019 年 5 月 1 日发表声明说，受内战影响停产的纳尔油田 1 日正式复产，初始产量为每日 5000 桶，目前南苏丹日产油量达 17.5 万桶。同时，俄罗斯、美国等国持续加大了对南苏丹石油产业的投资，南苏丹对外欠款也即将还清，南苏丹经济在未来一段时间将进一步回暖。①

南苏丹的暴力冲突根深蒂固，积重难返。一个看似能够解决南苏丹问题的协议，其实仅是为政治精英们提供了一个长袖善舞的舞台和延续这些人占据主导地位的时间，根本无法解决南苏丹人民长期承受的暴力危胁和危机。找到一条适合南苏丹人民的和平与发展之路，仍然任重道远。

---

① 数据来源于新华网 2019 年 5 月 2 日报道。

结论与建议

自 2003 年联合国驻伊拉克总部被炸后，联合国对相关安全和安保问题进行了大量分析，努力改进和加强其安全政策和安排。然而，安全问题往往被视为“技术问题”，尽管它们对维和行动的有效性至关重要，但并不被视为具有战略性或政治重要性。另外，此问题的分析重点一直放在联合国系统上，没有充分关注联合国维持和平和特别政治特派团的需要和特殊性，关键问题可能很复杂、相互关联，而且政治上具有挑战性。鉴于此，我们提出了几项旨在改善联合国维和行动安全与安全保障的建议。

一、政策制定

制定关于安全与安保部保护问题的政策指导。指导应明确责任、人员和设备需求，并与其他特派团行动者协调。它还应加强了解军事和警察特遣队如何促进总体任务安全。

通过政策文书，阐明联合国高级领导人在特派团和总部对联合国人员（民事人员、军事人员和警察）的安全与安全保障承担的主要任务，并建立起问责制。这应澄清秘书长特别代表与总部有关副秘书长之间的关系，并应涵盖秘书长特别代表副总指挥、部队指挥官和特派团支助主任的职责，以及《问责框架》在维和行动环境中的适用情况。在制定这种政策文书的同时，应提出有关倡议，限制或禁止国家对军事人员活动的警告，并制裁通过国家指挥干预破坏联合国指挥和控制的出兵国/出警国。

联合国制定连续一贯的危机管理方法。该方法应适用于联合国所有存在的政策涉及的各方——维持维和行动、特别政治任务和出兵国/出警国。该方法应涵盖实地和联合国总部的活动：明确危机管理职责；建立危机应对协调机制（危机管理小组）；制订危机管理计划；建立危机管理强制性制度。它应该澄清安全管理团队和危机管理团队之间的关系。

通过制订和实施相关计划，确保做好应对危机的有力准备。其中包括：危机管理计划（规定成员和程序危机管理团队、危机期间的信息传递流程、关键信息和清单）；安全计划；航空灾害计划；大规模伤亡事故计划；大流行计划；业务连续性计划；技术灾难恢复计划；处理最可能和最危险情况的综合计划。应在总部建立能支持在所有维和行动中执行年度危机管理的模拟演习。

应当从程度上允许联合国为安全目的在特殊情况下中删减/加快采购和招聘程序的规则和条例。在最关键的时刻确保足够的安全设备和人员，并提高效率。

二、行动规划与计划

审查联合国维和行动中提供安全模式的适当性，并确保安全安排与现实环境相适应，以适应特派团的要求和行动环境。这项工作应包括分析特派团的实际需要和各种提供者的比较优势，包括联合国警卫部队和私营保安公司。保障安全必须是初步规划和任务设计的重要组成部分，安全战略必须全面涵盖民事人员、军事人员和警察，并作为有效执行任务的一个重要部分。

确保在非对称威胁环境中部署任务所应具备的能力、技术和武力。需要进一步明确维和行动在不对称威胁局势中的作用。各特派团还应利用对安全理事会制裁承诺机构和其他机构的分析，查明区域趋势和不对称威胁的轨迹。

密切协同制定确保特派团安全和平民保护战略。联合国授权的保护平民的维和任务，通常会卷入复杂而危险的局势中，甚至可能对特派团造成攻击，应对这一现实有清楚的认识。军事组合行动应该更灵活、更机动，且能够使用武力。应规划平民的安全安排，及早规划平民保护地点的建设，做好防御。

承诺确保特派团能够达到创伤医学规定的“黄金时段”标准，包括具备 24/7（24 小时/7 天，指全天候）医疗后送所需的能力。这可以通过制定医疗标准和流程以及建立一个保证单位来审计所提供的护理标准来实现。确保 24/7 空运伤员，包括从战区空运伤员，并保持夜间行动至关重要。医疗方面必须是初步医疗计划的核心组成部分。应审查医疗能力的报销率，使联合国在国际社会更具竞争力，在提高效率时应适当使用私人医疗服务提供者。

为维和人员个人提供安全保障途径，直接向总部提出有关维和行动安全存在的问题和安全需求。这种需求可通过联合国安全与安保部现有职能来实现。其意图不是让人承担责任，因为还有其他途径，而只是提出一个令人关切的问题，以便很容易地加以解决。

三、人员

整合联合国安全与安保部对所有安全人员的招聘、培训和绩效责任。充分利用现有资源，并保持资源使用的一定侧重性，赋予联合国安全与安保部权力，确保安全官员在所有特派团中保持高标准。

提升新建立的特派团的安全能力和医疗能力，以便应对各种危机情况。组建一个由经验丰富的安全官员和一个规模较小的医疗专业人员组成的小组，能够根据需要在短时间内（48 小时内）部署到所需维和行动中，这样做可以提升特派团的安全能力和医疗能力，也使特派团在最需要时具备必要的高质量规划、评估和操作能力。同时，针对国家工作人员面临的特定风险，制定相应的安全规划对策，审查国家工作人员在风险环境中工作的待遇问题。

该小组还要承担联合国维和行动中伤亡人员抚恤工作的监督职能。例如联合国维和行动中出现人员伤亡情况后，监督完成应尽的行政和人事程序，确保人事程序中所有要素得到及时执行，确保收集、整理、核实和维护伤亡信息工作顺利实施。

四、资源和能力

应在财政上实施激励政策，加强关键能力和快速部署部队的管理灵活性。应明确向成员国通报各项计划的优先事项，并阐述这些优先事项对加强特派团的安全保障的效用。

不配备武器的私人保安公司和其他私营服务提供商，如医疗和后勤公司，可以对提升联合国维和行动安保能力具有辅助作用。目前，此举争议非常大，尽管有学者认为这样做将是确保联合国维和行动安全与安全保障的有效方式，但包括联合国会员国在内的普遍观点则担心这些私人公司的中立性，是否会让外界对联合国这一国际组织产生“私有化”“盈利化”的印象，此外，还担心是否会增加联合国维和行动的支出。